KB006523

이재명은 있다

저자 **남경우**

10년 전, 살면서 늘 가까이하기로 마음먹은 세 가지 분야가 있다.

하나, 건강학, 의학, 생리학, 생물학 서적을 읽는 것.
먹거리와 그들의 약리작용을 살펴보고 음식으로 사람을 건강하게 하는 것은 나에게 항상 중요한 관심사다.

둘, 동서양의 고전을 읽는 것.
10년 전, 언론사 일을 그만두면서 20여 권의 고전을 추려보았다. 서양 책으로는 성경, 국가론, 칸트의 3비판서, 정신현상학, 국부론, 자본론을, 동양 책으로는 사서삼경, 사기, 당시, 도덕경, 금강경, 반야심경, 주자, 정도전, 퇴계, 율곡, 다산, 동경대전을 꼽아보았다. 십 년 전 시작했던 고전 읽기는 지금도 계속하고 있다.

셋, 국내외 정세를 살펴보는 것.
국내외 정세는 우리 삶을 규정한다. 국내 정세야 귀만 열어두면 되지만 해외 정세는 찾아서 들여다보아야 했다. 한반도 정세를 축으로 미국의 달러, 군사력, 산업 생산 등과 이에 대응하는 중국과 러시아의 반응, 하위 축으로는 EU의 움직임, 중동의 정세, 남미의 좌우 정치 동향 등 꾸준히 관심을 가지고 공부하고 있다.

그리고 최근 한 가지가 더 늘었는데, 바로 관악산 아마추어 안내인이 된 것.
동네 분들과 이길 저길 가는데 앞장서는 게 전부지만, 산행 중에 나오는 다양한 이야기는 늘 즐겁다. 매번 계절이 바뀌면서, 달라지는 산천초목에 감탄하면서도 세월의 흐름에 안타까워하기도 한다.

이재명은 있다

평범한 경우 씨는
어쩌다 재명 씨에게
관심이 생겼을까

남경우 지음

00. 내가 이재명을 지지하기까지

20대 대통령 선거일이 코 앞에 다가왔다. 언젠가부터 20대 대통령은 '정말로 좋은 대통령'이 선출되어야 한다는 생각이 절박하게 들었다. 이게 글을 쓰게 된 배경이다. 필자는 지난날 대통령 선거 시기 후보에 대해 적극적으로 관심을 가진 적이 없었다. 먼발치에서 그저 좋은 대통령이 선출되길 바라며 투표 당일 염두에 둔 후보에 투표할 뿐이었다.

그런데 나는 내 아들과 딸, 조카들, 그리고 그 친구들의 미래가 걱정스러웠다. 나 자신과 주위 지인들의 미래가 심히 불안정하다고 생각했다. 나의 아들과 딸, 조카들은 정규직과 비정규직이 반반이다. 근무 여건이 좋다는 공공기관과 대기업 취업자도 많지 않다. 대략 우리나라의 보통 가정의 모습일 듯하다. 주위의 내 또래 지인들의 삶도 그리 밝지만은 않다. 모아둔 자산이 있고 연금이 보장되어 있는 몇몇 지인을 제외하고 대부분에게 긴 노년은 걱정스러운 미래다. 현재의 구조라면 청년들이 말하는 '헬조선'은 달라질 게 없다. 갑질이 횡행하는 회사에서 즐겁게 직장생활을 하는 중년은 아무도 없을 것이다. 그리고 노인이 행복한 나라가 될 수 없을 것이다. 반면, 0.1%도 되지 않는 극소수의 부자들의 재산은 급격히 증가하고 있으며 은행들과 대기업은 코로나 시기에도 유래 없는 호황을 누리고 있다. 게다가 양극화는 갈수록 더 심해지며 계층 간의 격차는 점점 더 벌어져 끝이 보이지 않는 극으로 치닫고 있다.

정치구조와 행정구조와 사회구조가 대대적으로 바뀌어야 하는, 국민이 위임한 권력이 국민을 위해 쓰여야 하는 중대한 시점이다. 이런 상황에서 권력의 최고 정점인 대통령은 변화의 최전선에 있을 수도 있지만, 자칫 변화의 발목을 잡을 수도 있다. 그러다 어느 순간 이재명이 눈에 들어왔다. 이재명이라면 새로운 사회를 '진짜로' 만들 수 있겠다는 생각이 들었다. 나를 위해, 가족을 위해, 주위의 평범한 지인들을 위해 훌륭한 대통령이 나오기를 기대하며 시작한 이재명에 관한 글은 지난해 4월부터 지금까지 이어지게 되었다. 글을 쓰면서 '이재명 후보가 정말 그런 기대에 부응할 만한 사람일까?' 찬찬히 뜯어보지 않을 수 없었다. 성장과정부터 정치에 입문하는 과정, 공직자로서의 실적, 그가 하는 많은 발언에서 보여주는 약속과 전망 등이 진짜인지 가짜인지 들여다보지 않을 수 없었다. 또한, 그를 둘러싼 각종 루머가 어떤 것인지도 살펴보지 않을 수 없었다.

그런데, 살펴보고 들여다볼수록 이재명은 저평가되어 있었다. 십수 년 동안 이재명에게 씌워진 각종 가짜 루머들이 진짜 이재명의 가치를 가리고 있었다. 성남시장과 경기도지사 시절 실시한 행정들은 '나를 위해 이재명', '우리를 위해 이재명'을 기대하기에 충분한 것이었다. 여러 매체들과의 대담에서 보여준 정치와 행정, 그리고 시대에 대한 통찰은 실제에 근거한 미래지향적이자 공동체의 미래를 위한 것이었다. 이재명이 말하는 현실은 늘 구체적이고 섬세하고 종합적이었으며, 그래서 그 대안도 늘 실현 가능하고 실용적이었다. 그렇다고 기초단체나 광역단체 수준에만 머무르는 지역적 특수성에 갇혀있는 것도 아니었다. 그가 말한 미래는 특정 사안이나 특정 지역, 특정 집단에 대한 선입견이나 적의 등에 근거를 둔 것도 아니다. 그의 미래관은 보편적이고 실용적이었다. 그렇기에 대화가 가능하고 안정적이었다. 이재명 후보가 불안하다고? 이 역시 전혀 사실과 다르다.

나는 글을 쓰면서 이재명 후보가 심리적으로 전혀 불안하지 않고 오히려 매우 안정적이며, 밝다는 것을 알리고 싶었다. 그는 구체적이고 실용적이면서 종합적인 관점과 사고를 가진 인물이라는 것을 알리고 싶었다. 주식시장, 게임산업, 디지털 경제, 산업 전환, 생태 위기, 신재생에너지, 기후 위기 등 현시점에서 가장 민감한 주제들을 높은 이해 수준으로, 중대하게 다루고 있다는 사실을 알리고 싶었다.

이재명은 할 것으로 믿는다.
앞으로, 나를 위해, 제대로.

2022. 1. **남경우**

평범한 경우 아이는 어제나 재명 씨에게 관심이 생겼을까

목차

00 프롤로그_내가 이재명을 지지하기까지   4

01 어느 날, 이재명이 들어왔다   13

02 성남 태극기 할배들도 이재명을 좋아한다고?   17

03 기술을 도둑맞은 중소기업은 경기도에 신고하라!   21

04 배우 윤여정과 도올의 동경대전, 그리고 이재명   25

05 이해충돌방지법과 공무원   29

06 이재명이 중앙정부의 관료들을 장악할 수 있을까   33

07 이재명이 기업 프랜들리 하다고?   36

08 이재명은 언제나 자기 견해가 있다   39

09 이재명의 실용주의는 이러하다   42

10 이재명만이 산재를 줄일 수 있다   45

11 이재명이 고상하지 않아서 좋다   48

12 이재명이 만들어갈 새로운 한반도를 기대한다   51

13 이재명은 늘 구체적이다   54

14 이재명은 창의적이며 협력적이다   57

15 이재명은 합니다   60

16 한반도 평화통일에 가장 잘 준비된 정치지도자   63

17 기본소득제의 혜택을 보았으면 좋겠다   66

18 높은 국제감각을 가진 지도자를 기대한다   69

19 이재명은 사람이 우선이다   72

20 혈연, 지연, 학연이 없는 지도자   75

21 보국안민(輔國安民)의 출발은 기본 시리즈다   79

22 이재명, 한일관계에도 분명한 목소리를 내다   83

23 이재명의 명확하고 미래지향적인 출마 선언   87

24 이재명은 연민과 분노가 있다   90

25 이재명만이 공무원을 제대로 일하게 한다   93

26 Back to basics (기본으로 돌아가자)   96

27 비전이 없는 후보는 불안하다   99

28 시대가 원하는 20대 대통령의 임무   102

29 이대남, 삼대남에게도 어울리는 이재명   108

목차

30 이재명의 인식능력은 어느 정도일까?　　　111

31 이재명의 구체적인 정책 능력　　　114

32 민본, 민생, 민주에 기반한 실용주의　　　117

33 어느 기업인이 본 이재명의 기업관　　　124

34 현재의 이재명은 과거의 이재명이 아니다　　　127

35 이재명 지지세력은 갈 길이 멀다　　　130

36 대통령은 운명이다　　　133

37 호남인들의 정치적인 통찰을 기대한다　　　136

38 국토는 모든 국민의 터전이다　　　140

39 하나의 산을 넘은 이재명　　　144

40 야당의 공격수, 경기도 국감장으로 오시라!　　　147

41 이재명 정부로의 정권교체　　　150

42 경선보다 본선에 어울리는 이재명　　　153

43 상식과 비상식, 비전과 분노　　　156

44 기울어진 언론과 손가락혁명군　　　160

45 언론이 말하는 지지율 격차, 떨지 말자!   163

46 이재명의 해박한 지식들   167

47 이재명의 국제감각은 A+   170

48 이재명이 윤석열을 제친다   173

49 드디어 골든 크로스, 이재명 시대론이 떠오른다   177

50 대선공약집 읽기는 필승카드   181

51 이재명과 윤석열의 자유관   185

52 이재명은 경제전문가다   189

53 무너져가는 농산어촌, 이재명만이 살릴 수 있다   192

54 이재명은 특별한 분노, 복수, 적대가 없다   196

55 이재명의 욕설 동영상   200

56 이재명을 공부하자   217

57 에필로그_내가 이 책을 완성하기까지   221

나는 언젠가부터 이재명 지지가가 되었다. 생각해보니 이재명을 언제부터 지지하게 되었는지 알 수가 없다. 그를 지지하게 된 특별한 인연도 없다.

내가 중앙대학교를 같이 나왔거나 경북 안동 출신인 것도 아니며, 공무원이어서 그의 시정이나 도정을 자세히 들여다 볼 수 있는 기회가 있었던 것도 아니다. 성남 시민이어서 성남시장 시절의 시정을 가까이서 지켜본 것도 아니다. 지난 2016년 광화문 촛불시위 당시 함께 있었던 것도 아니고 그의 연설을 들어본 적도 없다. 그를 소개하는 책을 접한 적도, 내 주변에 이재명의 열렬한 지지자가 있어서 그의 영향을 받은 바도 없다.

이재명은 나에게 거칠게 다가왔다

오히려 그를 처음 접하게 된 것들은 대체로 부정적인 것들이었다. 김부선 사건부터 가족 간에 있었던 고약한 설전, 그리고 지나칠 정도로 분명한 그의 자신감 같은 것들이었다. 이런 뉴스들로 이재명은 거칠고 모난 사람이 아닌가 하는 정도로 다가왔을 뿐이다. 지금도 이런 이미지가 다 가신 것도 아니다. 여전히 차기 정부를 맡아 새로운 비전을 만들어 갈만한 새 시대의 향도인가에 대해서는 여전히 지켜보고 있다.

그런데 나는 언젠가부터 나도 모르는 사이에 이재명의 지지자가 되었다. 경기도민으로 재난지원금을 받아 그의 지지자가 되었을까? 물론 재난지원금으로 가족과 함께 초밥집에 가서 즐거운 시간을 보냈다. 재난지원금을 최초로 주장한 이재명에게 고마움을 느낄만하지만, 환갑이 넘은 나이에 받은 재난지원금에 넘어가기에는 내 인생은 그리 시시하지 않다.

경기도 내 유원지정비사업을 한다고? 정말?

헤아려 보건대 이재명 당시 도지사가 '경기도 내 유원지 무단설치 정비사업'을 발표할 때부터 그의 행보를 유심히 지켜보았던 것 같다. 이런 시정 방침이라는 게 처음은 거창하게 발표하지만, 각종 저항과 이해관계가 얽히고 설키면 흐지부지하게 끝나게 마련이다.

그런데 웬걸? 이재명 지사가 직접 나서서 사업에 해당되는 지역의 주민들과 직접 대화하며 법을 설명하고 이해를 구하며 청량한 유원지 환경이 조성될 때 주민들도 궁극적으로 이익을 볼 것이라고 말하지 않는가? 내가 그동안 보지 못했던 문제해결방식과 행보였다. 그것도 쉬지 않고 추진하는 것까지. 나는 그의 시정이 어떤 결과로 나타났는지 보고 싶었고 혹여 강압에 의한 행정이 아닌지도 확인해보고 싶었다.

이건 진짜 뉴스였다

이 지사의 정비사업이 추진된 후 아무 생각없이 지나치던 유원지 곳곳을 유심히 살피게 되었다. 장흥 송추유원지부터 안양 유원지 등 내게 익숙한 장소들이었다. 유원지의 모습은 예전과는 사뭇 달랐다. 계곡 주변이 잘 정돈되어 있었고, 너저분하게 세워져 있던 천막도 치워져 있어 방문객들이 이전보다 훨씬 편안한 마음으로 계곡을 즐길 수 있겠다는 생각이 들었다. 자릿세, 바가지요금 등으로 짜증이 나 발길을 멀리했던 사람도 다시 계곡을 찾으니 주변에서 음식점을 운영하는 주민들에게도 이익이었다. 그 누구도 해결할 수 없다던 '유원지 무단설치 정비사업'이 탁월한 행정지휘자의 결단과 추진력으로 진행된 결과, 도내 자연환경이 개선되는 것을 지켜보면서 '도대체 이재명이 누구지?'하는 궁금증이 생겼다.

02

성남 태극기 할배들도 이재명을 좋아한다고?

"성남시의 태극기 할배들도 이재명을 좋아한다." 성남에서 오래 산 친구의 이야기다. 이건 또 무슨 이야기인가? 태극기 할배와 이재명은 뭔가 어울리지 않는 조합 같았다. 한때 많은 이들은 광화문에 모인 태극기 할배들의 시위를 보면서 혀를 내두르기도 하고, 그들의 막무가내에 어이없어 하기도 했다. 이런 시위를 주도한 사람들이야 특정한 목적이 있을지 모르지만, 살기 힘든 동네 노인들은 쥐꼬리만한 일당을 받으며 시위에 동원되고 있다고도 했다. 물론 한때 그분들의 시위가 맹위를 떨칠 때면 잘 차려 입은 대기업 전직 임원이나 군의 고위 간부를 배출하는 군인 관련

대학 동기회 깃발이 나부끼기도 했다.

노인들에게 광화문시위는 축제였다

시위에 참여한 대부분의 사람들은 노인이면서 주머니에 돈도 없고 크게 반겨주는 사람도 없는 쓸쓸한 분들이 대부분인 것으로 보였다. 시위가 한창이던 당시 서울 광화문광장 주변에서 간혹 마주친 그들의 모습을 보면 오랜만에 내 세상을 만난 것처럼 의기양양하게 움직였다. 나의 눈에는 시위에 참여한 노인들이 마치 축제를 즐기는 것처럼 보였다. 그랬던 성남시의 노인들도 이재명 시장과는 좋은 관계라는 말을 우연히 듣게 된 것이다. 나는 그 이야기의 전말이 궁금해졌다. 이야기를 들려준 친구도 자세한 내막은 알지 못했다. 단지 이재명 시장이 그 노인들과 이들이 속해있는 단체에게 잘 대해준다는 정도의 이야기였다. 그 후 수개월이 지나 또 다른 사람으로부터 이와 유사한 이야기를 들었다. 이재명이 태극기 노인들도 똑같이 대한다는 이야기는 사실인 듯했다.

그들을 아버지처럼, 형처럼 대했던 이재명

나는 가슴이 먹먹해졌다. 나도 쓸쓸한 노인이 될 것이기에……. 공자님의 유명한 구절이 떠올랐다. '노자안지 소자회지(老者安之 少者懷之)'. 제자들이 공자에게 당신이 생각하는 인(仁)이 무엇이냐고 물었을 때 공자는 "인이란 노인을 편안히 하고 어린이들을 품어주는 것이다."라고 대답한 것에서 유래한 말이다.

나는 이재명이 그 노인들을 대하면서 태극기를 흔들며 과격 구호를 외치는 극우 할배가 아니라 인생의 막바지에 누구도 품어주지 않는 쓸쓸한 노인으로, 성남 시장인 자기가 따뜻하게 안아줘야 할 노인으로 받아들였을 것으로 짐작한다. 특별히 해준 것도 없이 고단한 생을 마감한 자신의 아버지를 떠올리며 그분들을 자신의 아버지로 생각했을지도 모른다.

가진 것 없는 노인들이라 해서 시에서 몇 푼 지원해주는 것으로 환심을 살 수는 없는 법이다. 만일 그들이 이재명을 진정 좋아하게 되었다면, 그분들이 꾸려온 인생을 받아 안고 위로하고 함께하는 이재명이였기에 가능한 것이었으리라. 한국사회의 노인문제는 심각하다. 청년 문제만큼이나 노인문제에 귀를 기

울이는 아니 인간의 문제에 귀 기울이는 지도자가 필
요한 시대이다.

03.
기술을
도둑맞은
중소기업은
경기도에
신고하라!

　　누구나 알고 있으며 시정하는 것이 정당하지
만, 여전히 그대로인 일들이 허다하다. 대기업과 중소
기업간 혹은 중소기업의 상호간 기술 탈취 같은 일들
은 더욱 그렇다. 기술 탈취는 파악하기 쉽지 않지만,
대부분은 이를 관리 감독해야 할 정부기관이 나몰라
라 하기 때문이고 대기업과 중소기업 사이에서 벌어
지는 기술 탈취에 대해서는 대기업의 로비에 관련 공
무원이 포섭되어 있기 때문이기도 하다. 이를 근절하
기 위해 이재명 경기도지사가 나섰다.

아니! 저런 광고도 있나?

나는 사무실에 출근하기 위해 경기도 안양의 인덕원 정류장에서 환승한다. 어느 날 평소처럼 환승하려고 정류장에 버스를 기다리는데 전광판에 기술을 도둑맞은 중소기업은 신고하라며 '기업 당 최대 2천만원 한도에서 소송비용을 지원한다'라는 경기도청의 광고문구가 나왔다. '중앙정부나 지방정부가 이런 일에 적극적으로 나선 일이 없는데 웬일이지?'라는 생각과 함께 한편으로는 '이런 일은 공정거래위원회의 업무가 아닌가?'라는 의문도 들었다.

인터넷에서 자세한 내용을 확인해 보았더니 경기도가 주관, 특허청 대한변리사회와 협력하여 '중소기업 지식재산 보호 업무협약식'을 맺은 것이었다. 나는 이러한 경기도의 노력이 산업기술생태계에 긍정적인 영향을 미칠 것이며 아주 구체적인 방식으로 '정의'가 실현되는 행정이라고 생각했다. 이재명은 누구나 알고 있고 바라지만 시정되고 있지 않은 일들을 정책화하고 행정체계 속에서 이를 구체화하는데 달인이다.

기술과학발전을 유도하는 행정

우리나라에서 기술을 가지고 안정된 중소기업으로 키우는 일이란 고통스럽고 힘들다. 금융 세제 마케팅 등 여러 요소가 있지만, 기술 탈취 문제도 심심치 않게 벌어진다. 특히 대기업과 하청의 하청으로 연결된 유망 기술중소기업들은 다양한 방식으로 핵심기술이 새어나가 문을 닫기도 한다. 그래서 영악한 기술중소기업들은 아예 한국기업, 특히 대기업과는 거래를 거부하고 처음부터 외국기업과만 거래하는 경우도 있다. 우리나라 전체의 산업기술생태계라는 관점에서 보면 커다란 손실이다.

중소기업을 건전하게 보호육성하는 것은 애국이자 애민이다. 중소기업은 우리나라 기업의 99%를 차지하고 있고 전체 고용인력의 88%를 차지하고 있다. 건강하고 견실한 중소기업은 국민 대다수의 삶의 기반이기도 하다. 이재명은 소년공 시절 중소기업에서 일하면서 중소기업의 실태에 대해 몸으로 익혔을 것이다. 그 후 시장과 도지사를 역임하며 좀 더 전체적이고 구조적으로 중소기업 문제를 고민했을 것으로 보인다. 불공정한 일들을 시정하고 이를 행정체계 속에서 구체화하는 일에 이재명을 넘어설 정치인은 없을 듯하다.

경제규모가 전세계 10위에 이르고 반도체 철강 조선업이 세계 최고 수준이며 온갖 명품이 백화점에서 불티나게 팔리는 나라. 수백만 명이 해외여행을 즐기고 소재산업 전지 분야는 물론이고 여러 제조업 분야에서 독일 일본을 넘어서고 있는 나라. 반면 사회적 보호로부터 소외되어 죽어가는 비정규직 노동자들과 직업이 없어 방황하는 청년들, 돈이 없이 폐지를 모으는 노인들의 문제로 속병을 앓고 있는 나라. 이것이 빛과 어둠이 짙게 교차하는 현재 대한민국의 모습이다.

빛과 어둠이 교차하는 대한민국

보국안민(輔國安民). 조선시대 말기인 19세기 중반에 백성들이 내걸었던 운동구호이다. 나라를 수선하여 백성을 편안하게 할 수 있을까? 21세기 현재의 대한민국에서 누가 차기 지도자가 되어 이러한 시대적 과제를 앞장서서 짊어지고 갈 수 있을까?

보국안민! 여전히 가슴을 두드리는 구호다.

배우 윤여정의 수상

배우 윤여정이 영미 영화계에서 상을 탔다고 난리다. 한국민과 재미교포 모두 다 축하의 메시지를 보냈다. 기쁜 일이다. 다만, 기뻐만 하기에는 뭔가 씁쓸하다. 영미 사회자들이 윤여정의 이름도 제멋대로 부르고 손님 대접이 영 시원찮다. 윤여정은 브래드 피트가 사장인데도 영화를 찍을 때 한 번도 나타난 적이 없다고 농담을 던졌다. 한국 신문에서는 마치 하늘에서 별이라도 딴 듯 이야기하지만 영미신문에서는 저 시골 구석의 돈 좀 잘 버는 나라의 여배우 말에 신기한 듯 설왕설래다. 윤여정이 던진 농담 반 진담 반의 말이 무게 있게 다가 온다.

"잘 난 체 하는 영국인들이 상을 줘서 고맙다."
"미국의 아카데미를 존경하지 않는다."

우리 것이 무엇인가를 생각해야 하는 시대

이런 와중에 도올 김용옥 선생이 각고의 심혈을 기울였다는 동경대전 1,2가 나왔다. 주문한 두 권이 도착하자 기대감에 가슴이 떨렸다. 10년전 직장을 그만두고 백수로 지내던 시기에 마음이 심란해서 고전에 손을 대기 시작했다. 논어부터 주역을 거쳐 금강경으로, 성경으로. 가끔은 이백과 두보를 읽으며 적적한 가슴을 달래곤 했는데 그래도 여전히 채워지지 않는 것이 있었다. 그게 뭔지도 몰랐다. 그러던 중 최제우 선생의 동경대전을 펼친 순간 우리 것이란 느낌이 확 다가 왔다. 뭐라고 형언할 수 없는 느낌이었는데 조선적이랄까, 한반도적이랄까 그런 느낌이었다.

이제 20대 대통령 선거운동이 본격화되는 시점에 이르렀다. 면면히 흘러내려온 한반도 백성의 감성을 가슴에 지니고, 나라가 지니고 있는 강점과 약점을 냉정한 눈으로 파악하고 있으며, 나라의 약점을 수선해서 백성을 편안하게 할 수 있는 강력한 의지와 추진력을 갖고 있는 후보가 누구일까? 각종 당면 과제를 깊숙하게 파악하고, 관련 행정체계를 훤히 꿰뚫어보고 있어 관료를 지휘 하고, 국민과 호흡할 수 있는 후보가 누구일까?

이재명? 윤석열? 안철수? 심상정?

백성들의 감성과 함께 하는 자만이 지도자이다. 그 지도자와 새 시대를 열자.

2021년 4월 29일 이해충돌방지법이 국회를 통과했다. 이 법안은 공포 후 준비기간을 거쳐 1년 후 시행될 예정이다. 공직자가 직무를 수행할 때 자신의 사적 이해관계로 공정하고 청렴한 직무수행을 저해하는 것을 방지하기 위한 내용을 담았다.

지난 3월 25일 이재명이 페이스북에 "지금 같은 상황에서는 10년째 이해충돌방지법 처리를 발목 잡아온 것이 어느 쪽인지는 중요하지 않다"며 "오직 국정을 책임진 민주당이 얼마나 책임 있게 약속한 바를 이행하는지 국민이 지켜보고 있다"고 밝히고 홍영표, 김종민 의원 등이 법안의 국회통과를 강력히 촉구한 가운데 통과된 것으로 공직사회의 윤리 기강을 바로 세우는데 커다란 이정표가 될 것으로 보인다.

고양이에게 생선을 맡기지 말자

이해충돌방지법의 적용을 받는 공직자는 입법·사법·행정부와 지방자치단체 공무원, 공공기관 임직원 등 약 190만 명으로, 해당 법안은 공포 후 준비 기간을 거쳐 1년 후 시행될 예정이다. 지난 LH사태에서 본 것처럼 공공택지개발을 관장하는 직원이 해당 업무를 수행하는 과정에서 취득한 정보를 기반으로 개발지역에 자신이나 친인척을 동원하여 토지를 매입하고 개발이익을 부당취득한다면 국민의 입장에서는 고양이에게 생선을 맡긴 격이 된다.

문제의식을 확장하면 이명박 전 대통령처럼 4대강 유역을 개발한다는 명목으로 대규모 건설공사를 기획하고 자신과 관련된 기업이나 개인에게 이익을 남기고 우회적으로 사적 이익을 편취하는 것도 이 법에 저촉된다. 혹은 군 고위 장성이 외국산 무기를 도입하는 과정에서 자신이 사적 관계를 맺고 있는 외국 군수업체의 장비를 도입하고 훗날 외국에서 편의를 제공받는 것도 다 이 법에 저촉된다.

　　모든 법이 그렇지만 좋은 법도 적극적으로 지키고 공직사회에 윤리 규정으로 내면화되지 않는다면, 그 효과는 반감된다. 이 법은 1년 후인 2022년 4월 30일부터 시행되므로 20대 대통령 임기가 시작되는 5월 10일 직전에 시행되는 셈이다. 즉 차기정부가 들어섬과 동시에 시행되는 것이다. 이 법이 제대로 시행되면 '공직이 이권이 되는 시대'가 끝나게 된다.

다주택 고위공무원은 승진에서 배제한다

　　이 시점에서 행정부의 수장이 누구냐에 따라 이 법의 정신이 구체적인 행정에서 얼마만큼 구현되는지가 결정된다. 새 술은 새 부대에 담아야 한다. 이재명은 도지사 시절 이미 이해충돌방지법이 통과되기 전인 2020년 7월 "경기도 4급이상 공무원 연말까지 1주택 초과분을 처리하라"고 지시하고 다주택 고위공무원은 이미 2020년 초부터 승진인사에서 배제했다. 이해충돌방지법을 선제적으로 시행한 것이다.

　　즉 이재명이 차기 대통령으로 당선되는 순간 이재명 행정부는 이해충돌방지법에 부응하는 각종 매뉴얼을 만들어 시행할 것이다. 이 매뉴얼은 지방정부 및 예하 산하기관과 입법부 사법부도 따라 하지 않을 수 없게 된다. 공무원이 직무로 인한 사적 이익을 취득할 수 없게 된다면 공무원은 공정한 업무수행평가로 자신의 미래를 설계할 수 밖에 없게 된다.

현재까지는 여야 모든 후보자들 사이에서 이재명만큼 '공무원의 직무로 인한 사적 이익의 취득'을 가장 강력하게 방지하고자 한 인물은 없는 것으로 보인다. 공무원의 새로운 직무 윤리가 필요한 시대가 되었다.

언젠가 경기도에서 일하는 고위 간부 후배에게 "이재명 지사가 관료들을 잘 다루는지, 관료들 중에서 이 지사에게 반발하거나 지시 사항을 적당히 뭉개는 일이 없는지?"라고 물은 적이 있다. 그 후배는 이내 반발하듯이 "도청 내 관료들이 개긴다구요? 있을 수 없는 일"이라고 단언했다. 그 이유를 물었다.

나는 지방자치단체장이 휘하 고위 관리들에게 휘둘리거나 관리들이 지시 사항을 적당히 뭉개는 것을 짐짓 모르는 듯 넘어가는 일이 종종 있는 것을 보아 왔다. 이런 경우는 대개 해당 단체장이 이권에 개입되어 약점이 잡혀 있거나, 혹은 업무에 대해 정확히 파악하지 못해 뚜렷한 견해가 없거나, 인사 과정이 불공정하여 반감을 갖는 등 여러 가지 문제들이 겹쳐서 나타난다. 보수진영 단체장이든 민주개혁진영 단체장이든 마찬가지다.

적당히 뭉개는 것은 있을 수 없다

이런 상황은 중앙정부에서도 유사하게 나타난다. 중앙정부의 대표(대통령)가 해당 사항에 대해 위에서 말한 여러 가지 단점으로 행정관료들을 실무적으로 행정적으로 정치적으로 장악하지 못한다면 그 대표자 개인의 덕성이 아무리 훌륭하게 비쳐도 국민이 위임해 준 시대적 과제의 해결은 물 건너 간다. 특히 행정경험이 없거나 카리스마조차 없는 경우에는 그 폐해가 더욱 커지고 국가의 운영은 관료들의 잔치로 넘어간다.

관료들이 일부 기득권층의 이익을 대변하고 보호하는데 익숙한 자들이라면 문제는 더욱 심각해진다. 즉 시대적 과제를 해결하는 데는 업무를 정확히 파악하여 관료를 장악하고, 그들과 소통하고 그들을 정확히 통솔하는 지도자의 탁월한 역량이 필수적이며 절대적이다.

중앙정부의 관료들을 통솔 할 수 있을까?

후배가 평가하는 이재명 당시 지사는 업무파악 능력, 문제를 행정적 과제로 전환하는 능력, 선공후사, 인사의 공정성, 상벌의 명확한 집행에서 탁월했다. 이런 능력과 추진력으로 인해 고위관료가 불만을 표출하거나 반발하는 일은 없다고 했다. 21세기 현재 대한민국의 차기 대통령에게는 특히 관료들을 정확히 장악하고 일을 추진하는 능력이 요구된다.

이재명이 업무량과 규모가 경기도에 비해 50배나 큰 업무를 소화하고 중앙정부관료들을 장악할 수 있을까? 국민을 신뢰하고 집단지성을 신뢰하는 이재명지사가 중앙정부에서도, 외교국방무대에서도 새로운 지평을 열 것으로 기대한다.

평범한 경아 씨는
어째다 재명 씨에게
관심이 생겼을까

"삼성전자 전직 임원들도 이재명에게 우호적이다." 사회에서 만나 친하게 지내는 선배의 말이다. 그 선배는 삼성의 전직 전무였다. 얼마 전 삼성전자 전무급 이상 전직 임원 여러 명이 만나 식사하는 자리가 있었다. 거기서 이재명의 소속 정당이 국민의 힘이라면 그를 찍을 텐데 아쉽다는 이야기가 나왔다'고 한다. 즉 이재명이 처리하는 방식이 시원하고 분명하며 확실한 기준이 있어서 일하기가 편하다는 것이었다.

이재명 지사가 반기업적일까? 그는 스스로 '기업 프랜들리'라고 말한다. 그가 말하는 기업 프랜들리는 유착이 아니라 공정이고 특정 소수가 부당한 이득을 누리는 행위에는 엄격하게 대응하지만, 불합리한 규제를 합리화하는 일에는 그 이상으로 열중한다는 것이다.

엄격하게, 하지만 합리적이게

그래서인지 2019년 어느 언론사의 기업인 대상 설문조사에서 이재명은 '기업 프랜들리 광역단체장 1위'로 뽑힌 적이 있다. 친 노동인 듯 보이는 이 지사가 기업 프랜들리하다고? 기업인들이 관에 대하여 힘들어 하는 것 중 하나가 '모호함'이다. 되는지 안 되는지, 무엇을 수정해야 하는 지가 애매할 때 관을 대하기 힘든 것이다.

이런 것 때문에 편법, 불법 부당이익에 눈을 돌리는 기업이 나온다. 공무원과 유착의 빌미가 되기도 한다. 건실한 기업인일수록 사업 기회는 멀어지고 공정한 기업 생태계는 망가지게 된다. 이런 편법과 불법 부당이익을 근절하고, 불합리한 규제는 합리화한다는 게 이재명의 지사의 기업관이다. 굳이 기업 프랜들리라 할 것도 없다. 지극히 정상적인 단체장이 취할 수 있는 태도이기 때문이다.

평범한 경우에는 어째다 재명 씨에게 관심이 생겼을까

우리나라의 약 2천5백만 개의 일자리 중 공공 부문 일자리 190만개를 제외하면 핵심적인 일자리와 부가가치를 기업이 생산한다. 비정규직이나 자영업도 일단 기업이 잘 돌아가야 연관 효과로 활성화된다. 조선업이 중국과 경쟁에서 밀렸던 10년전, 옥포 등지의 조선 기업이 일감이 없어지자 인근의 식당 의류 등 생 필품을 공급하던 점포들도 썰물처럼 문을 닫아야 했던 기억이 있다.

지도자의 통찰 자체가 국가의 전략자산이다

경기도에는 첨단기술기반의 중소기업이 즐비하다. 이런 기업의 성장을 촉진하는 것은 양질의 일자리를 늘리는 것이며 총체적으로는 국력의 신장으로 이어진다. 기업과 일자리에 대한 깊은 이해와 현단계의 한국 정보산업 사회에 대한 지도자의 통찰은 그 자체가 국가의 전략적 자산이 된다.

한국 사회는 들끓는 용광로와 같다. 반도체, 자동차, 조선같은 소재산업부터 화장품, 유산균에 이르기까지 세계 최고 수준의 기술력을 보유하고 있지만, 빈부격차가 크게 확대되고 있는 나라다. 백화점에서는 최고급 명품이 불티나게 팔리지만 노인 빈곤율 OECD 1위, 청년 자살율 1위, 출산율 꼴찌를 유지하는 나라다. 또 국민 중 일부는 민족주의 성향이 강하게 자리하지만, 일부 국민은 미국의 영향권에 포섭되어 성조기를 시위 장소에 두르고 나오는 기형적인 나라다.

실타래가 복합적으로 얽혀 있는 한국

현재 우리 사회가 풀고 나가야할 과제는 무엇일까? 빈부격차 완화, 청년실업 해소, 비정규직 문제 완화, 자영업 안정화, 출산율 제고 등 생활 문제부터 남북 통일에 이르기까지 얽히고 설킨 문제들이 한 두개가 아니다. 이런 과제들을 어떤 지도자가 풀 수 있을까? 20대 대통령선거를 앞두고 다양한 후보들이 거론되고 있는 가운데 주목할 만한 사람이 있다. 바로 이재명이다. 지금까지의 행동과 발언으로 각종 사안에 대한 견해를 뚜렷하게 밝혀 온 사람으로는 단연 이재명이 으뜸이다.

언론이 부단히 띠워 여론조사 대통령감 1위에 링크되었던 윤석열은 각종 사안에 대하여 아직 자기 견해를 뚜렷하게 밝힌 바가 없다. 그가 무엇을 지향하는지도 모른 채 지지하는 셈이다. 향후에 자기 견해를 밝힌다 하더라도 얼마나 숙성된 것인지는 따져봐야 한다. 기타 거론되는 여야 대권주자들도 절실하게 무엇을 해결하겠다는 것인지 밝힌 바가 없다. 각 후보는 각종 사안에 대하여 자신의 견해를 밝혀야 한다. 그때만이 국민들도 예측 가능해진다. 이럴 때만이 국민들

사이에 존재하는 다양한 견해 차이와 해결 과제의 선후, 그리고 그 방법들을 모아낼 수 있다.

유투버들과의 장시간 토론에서 그의 명료한 견해를 보여준다

많은 후보들이 두루뭉술하게 말한다. 이런 점에서 이재명은 아주 다르다. 이재명의 분명한 입장은 이를 반대하는 사람에게도 도움이 된다. 통합적이고 실용적인 행정이 되려면 지도자가 분명해야 한다. 현대 사회는 각종 사안에 대해 자기 견해가 뚜렷한 자가 지도자로 서야 한다. 지도자의 신속하고 적확한 결정은 그 자체가 국가의 전략적 자산이다.

이재명 후보는 어떤 방식으로 개혁하려고 하나? 그는 "실용적 민생 개혁의 실천이어야 한다."라고 정리했다. 그는 오래 전부터 '좌파의 정책이든 우파의 정책이든 다 가져다 쓸 수 있는 실용주의자임'을 자부해왔다. 이를 통해 국민이 진정으로 원하는 것을 충족시켜주는 것이 정치라고 주장한다. 이를 위해서는 '작은 실천적 개혁'이 지속되고 이것이 누적되어 큰 개혁으로 이어져야 한다고 말한다.

소박 소박 대박이다

많은 정치인들이 국민의 요구에 근거한 실용주

의를 실천해야 한다고 말해왔다. 언뜻 보기에 실용주의는 말하기 쉽고 다소 시시하게 보이기도 한다. 멋진한방이 없는 듯 보인다. 그러나 사실 실용주의를 지속적으로 실천하기는 쉽지 않다. 우선 민생을 속속들이아는 수고가 필요하다. 이를 위해서는 지도자 스스로가 민생의 현장 속에 있어야 하고 늘 국민 생활과 함께호흡해야 한다. 또 국민 생활을 불편하게 만드는 각종법령과 관행에 대해서 정통해야 하고 관료가 이를 어떻게 다루는지에 대해서도 구체적이면서 전체적으로파악해야 한다.

큰 개혁은 구체적이고 실용적인 개혁이 연속되고 '가치와 방향'을 가질 때 이뤄진다. 이재명에게 가치와 방향은 '국민 삶의 실질적 향상'이다. 실용적 민생 개혁이 가능하기 위해서는 수많은 사람의 조사와연구와 사색과 합의가 지속적으로 필요하다. 거기에이를 실천할 수 있는 매뉴얼을 끊임없이 점검하고 국민의 참여를 유도해야 한다. 여기서 지도자는 다양한작은 개혁 중 무엇이 핵심 고리인지 파악하는 능력이요구된다.

핵심 고리를 쥐어라

　이재명은 그 핵심 고리를 기본소득과 기본주택으로 파악한 듯 하다. 이재명의 이러한 관점은 실사구시를 중시해왔던 우리 선조들의 전통에 서 있는 것이기도 하고, 현대 문명을 끌어왔던 과학적 실용주의의 유산에도 합당한 것이다. 동시에 국민의 생활을 중심으로 펼쳐야 한다는 21세기의 새로운 정치방향에도 합당한 것이다. 이재명의 구상을 공정한 눈으로 바라본다면 국민의 90%가 동의할 수 있을 것이다.

경제력이 세계 10위에 해당하는 대한민국에서 끊임없이 일어나는 산재 사망은 야만이다. 온갖 사치품과 근사한 편의 시설이 즐비한 우리나라에서 끝없는 산재는 끔찍한 고통이다. 내가 이재명을 어쩌다 지지하게 된 첫 번째 이유는 '그만이 산재를 현저히 줄일 수 있겠다는 희망' 때문이다.

전통적인 사업장인 태안화력발전소에서 일어난 '김용균 사건'이나 삼성전자 같은 최첨단 기업에서 서서히 죽어가는 중금속 화학물질 산재 모두 우리를 고통스럽게 하는 것은 매한가지다. 삼성전자에 갓 입사한 날씬하고 풋풋한 젊은이들이 수년이 지나면 뚱뚱

하고 기형적으로 변해 끝내는 결혼을 포기하는 젊은이도 있다고 한다. 이건 서서히 진행되는 산업재해다.

끝없는 산재 발생은 야만이다

산재 피해자들 위에 피어 있는 호화로움은 그 자체가 죄악이자 비극이고, 기만이다. 우리가 죽음에 무감각해질수록 세월호 참사 같은 비극이 벌어진다. 나아가 죽음에 무감각해지는 사회는 그 자체가 지옥이고 병든 것이다. 배달 노동자들의 과로사도 본질에 있어서 같다. 사회 구석 구석에서 벌어지는 산업재해에 대해 관련 기관이, 기업이, 언론이 관심을 가지지 않는다면 희망이 없다.

스스로가 6급 장애인

이재명만이 산재를 급격히 줄일 수 있는 지도자로 보인다. 고통스런 소년 노동 시절, 그 자신이 산재 피해자가 되었다. 목걸이를 만들었던 '동마 고무'와 야구 글러브를 만들었던 '대양 실업'에서 당한 산업재해로 이재명은 6급 장애인이 되었다. 더 말해서 뭐 할까. 산업 현장에서 노동자들이 죽어가는 산업구조라면 크게 수술하는 것이 당연하다. 한반도가 서서히 세계 문명을 선도해가야 하는 국면에 이르렀다.

인내천(人乃天)[1], 사인여천(事人如天)[2], 위민이천(爲民以天)[3]. 사람이 희망이다.

---

1) 사람이 곧 하늘이다
2) 모든 인간은 본질적으로 동등하고 평등하다
3) 백성을 하늘같이 소중히 여김

평범한 경우 씨는
어째다 재능 씨에게
관심이 생겼을까

11.
이재명이
고상하지
않아서 좋다

이재명 지사는 고상하지 않다. 초등학교를 졸업하고 공장에서 일해야 했던 그는 고상하고 감상적일 여유가 없었을 것이다. 그에게는 로맨틱한 환상 자체가 없다. 나는 그래서 이재명이 뭔가 일을 낼 것이라고 기대한다. 이재명은 인간을 어떤 이론에 의해 규정된 이상적인 존재로 보는 것 같지 않다.

이재명에게 인간은 욕구, 욕망, 욕심을 갖고 있는 지극히 현실적인 존재로 보는 듯하다. 그는 가난했고 절망했으며 이를 극복하고자 불면의 밤을 지새웠고 희망을 세웠다. 이재명은 청년, 노인, 공무원, 검사 등을 신비화하지 않는다. 즉 그에게 고상하고 풋풋한 의미의 청년이나 노인은 없다. 이와 같이 정의로운 검사 같은 것도 있지 않다고 생각할 듯 하다.

인간을 날 것으로 받아들이다

그는 이미 '어린 청소년도 얼마나 사악할 수 있는지'를 보았다. 그는 자전적 에세이 <이재명은 합니다>에서 노동현장에서 청년 근로자들이 어린 소년 근로자들에게 싸움을 시키고 학대했던 것에 대하여 아무런 감정의 동요 없이 기술한다. 피해자였던 그에게 분노나 한도 크게 남아있지 않은 것처럼 보인다. 그냥 인간사의 너절한 일들로 기술할 뿐이다. 어쩌면 그는 10대에 사람의 본 모습을 그대로 보았는지 모른다. 상황에 따라 선(善)할 수도, 불선(不善)할 수도 있다고 생각할 것이다.

나는 노무현 전 대통령의 이상이 좋았다. 그의 순수한 이상이 담긴 연설은 뜨거웠고 감동적이었다. 그러나 난 그 자체가 위험하다고 느꼈다. 검사들과의 대화를 보면서는 늘 불안한 마음이었다. 노무현 전 대통령은 따뜻한 마음으로 모두를 대했지만, 상대는 그의 호의도 악의로 활용했기 때문이다.

모든 것에는 고정된 틀이 없다

이재명은 선과 악으로 나누는 이분법이 없다. 다만 누구라도 선할 수 있고 누구라도 악할 수 있다고 보는 듯하다. 고정된 틀이 없는 것이다. 오직 상황을 호전시키면 선한 행위를 할 수 있다고 보는 듯하다. 그래서 제도를 개혁하고 기준을 분명히 하는 것을 행정 방향으로 삼은 것으로 보인다. 고정된 틀이 없어서 강할 수도 있고 유연할 수도 있다. 이것이 그가 그의 선배들인 김대중, 노무현, 문재인의 가치를 현실화시킬 수 있는 힘이 아닐까 생각한다.

도올 김용옥 선생의 동경 대전에 대한 상세한 풀이집 〈동경대전1,2〉가 나왔다. 도올의 무르익은 해석이 돋보인다. 1권에 들어있는 조선사상사대관도 깊이 들여다 볼만하다. 10년 전의 나는 조선의 19세기 ~20세기 초엽이 도저히 이해가 되지 않았다.

그러던 중 대원군과 김옥균, 최제우를 이해하면 다소 줄기를 잡을 수 있겠다 싶었다. 그래서 대원군의 이야기인 소설 〈운현궁의 봄〉을 읽었고, 동학교전인 〈동경대전〉을 들여다 보면서, 안국역에 있는 운현궁을 구경했다. 또 김옥균이 갑신정변을 일으키며 무장력을 동원했던 우정국 자리(지금의 조계사 입구)도

둘러보게 되었다.

메타버스는 이재명식 주유천하이다

운현궁을 구경하면서 전봉준이 운현궁 사랑방에 식객으로 들렀다는 사실도 알게 되었다. 그 후 궁금증이 더욱 치솟아 경주의 용담정도 둘러보게 되었고, 동경대전의 여러 글도 꼼꼼히 보게 되었다. 1861년 시작된 동학이 이조 왕정 하에서, 일제하에서(3.1운동의 인력과 자금의 90퍼센트 이상을 동학의 후신인 천도교가 담당한다) 조선민중의 벗이 되어 오랜 기간 지속되었던 메시지가 몹시 궁금했기 때문이다. 최제우 선생은 10년간 보부상으로 전국을 주유하며 조선 민중과 호흡했다. 21세기 초반 이재명은 메타버스(매일 버스타고 움직이는 행보)로 21세기 한국민과 호흡하고 있다.

나는 한문에 그리 조예가 있는 건 아니지만 동양 고전과 한시를 가급적 원문으로 음미하려 노력했던 덕에 최제우의 한문으로 된 글이 주는 뉘앙스가 무엇인지는 대략 느낌이 왔는데 그 수준이 아주 높은 경지라는 것에 대하여 놀라웠다. 또 그는 우리의 조상에게 자긍심을 느꼈다. 그런 동경대전을 도올 선생이 좀 더 풍부한 시각과 자료로 두 권을 출간한 것이다.

한국 사회를 리빌딩할 시기

한국의 IT, 제조업이 세계 최고 수준으로 올라가는 시기, 수 많은 영역에서 세계 최고의 자리로 육박해 가는 시기, 20대 대통령선거를 앞두고 있는 시기, 우리는 누구이고 우리는 무엇을 어떻게 생각해야 하는가를 정리하는데 〈동경대전1,2〉는 한 번쯤 손에 들만한 책이다.

이재명의 주장은 늘 구체적이고 구조적이고 근원적이다. 작년 5월12일 '경기도, 비주거용 부동산 공평과세 실현' 정택토론회에서 부동산 조세제도 전반에 대한 전면 개편의 필요성을 역설했다. 이 지사는 법인 부동산과 자산소득에 대한 세금이 개인 부동산 근로소득에 대한 세금보다 훨씬 낮다면 아주 불공정하고 이상한 것이라고 지적했다.

그의 주장에는 늘 근거가 있다

이재명의 주장은 깜짝 놀랄 정도로 근원적이다. 주장이 근원적인 것에 머무르면 구호에 그친다.

그러나 그의 주장은 근원적이면서 구체적인 근거를 제시한다. 그리고 전체적인 상황과 구조를 반영하고 있다. 또, 그의 주장은 국민의 생활과 공정에 기반하고 있으며 군더더기가 없다. 그는 주장에 대해 늘 조사와 연구와 사색의 과정을 거친다. 이러한 이유들 때문에 이재명의 주장은 충분히 실현 가능하다. 정말 실사구시(實事求是)[4]다.

한국의 수많은 경제학자와 조세연구자가 수많은 대학과 연구소에 포진해 있지만 국민 생활이 직면하고 있는 불공정한 조세제도에 문제를 제기하는 양심적인 학자들은 거의 없다. 대부분은 외국의 논리를 베끼고 추상적인 논리를 동원하여 기존의 관행을 분칠하거나 지엽적인 개선책만 끼워 넣을 따름이었다. 박정희 전 대통령과 전두환 전 대통령 시대에 만들어진 기업과 법인을 과잉보호하는 조세제도를 수선할 때가 되었다.

---

4) 사실에 입각해 진리를 탐구하려는 태도

기울어진 운동장을 다시 세운다

조세제도를 수선하는 것은 기울어진 운동장을 바로 세우는 공정개혁이면서 대한민국의 민주주의를 조금 더 합리적으로 작동하게 하는 기초공사에 해당한다. 만일 이재명이 대한민국을 안내하는 대통령이 된다면 수많은 분야에서 국민 생활을 향상시키는 구체적인 정책대안이 만들어지고 실시될 것으로 예상한다. 이재명식 실용주의는 반드시 실제 현실에서 출발하고 조사와 연구를 통해 풍부한 내용을 가지게 되고 힘이 생긴다. 압도적 다수가 이재명식 실용주의를 지원하고 육성해야 하는 이유이다.

14.
이재명은 창의적이며 협력적이다

한국 사회에서 격차를 해소하는 것은 커다란 숙제다. 그것도 빈부격차를 해소하는 일은 내용 있는 민주주의의 필수적인 전제다. 빈부격차를 줄이는 데는 도시와 농촌의 격차, 지역간의 격차, 중소기업과 대기업간의 격차 등 다양한 유형의 격차를 줄이는 것으로부터 시작된다.

2021년 5월 17일 두 자치단체의 시도가 격차 해소의 실질적인 사례가 될 것으로 기대된다. 〈전라북도와 경기도의 자동차 대체인증부품 활성화를 위한 업무협약〉이 그것이다. 대체인증부품은 제조사 또는 수입사가 판매한 자동차에 장착된 부품(순정품)을 대체

할 수 있는 부품으로, 순정품과 성능 및 품질은 동일
하면서도 가격은 순정품 대비 30%정도 저렴한 제품을
말한다.

격차해소의 실질적 사례

이번 협약은 전북지역에서 생산한 자동차 대체
인증부품을 국내 최대 부품 유통 지역인 경기도가 유
통과 소비를 활성화해 관련 시장을 육성 지원한다는
데 두 광역자치단체가 뜻을 모으면서 마련됐다. 이 사
업이 활성화될 경우 다양한 파급효과가 기대된다.

우선 전북도민과 경기도민은 양질의 저렴한 제
품을 공급받을 수 있게 된다. 이를 통해 전북도의 관
련 중소기업들은 경기도의 유통과 소비 활성화 지원
정책에 따라 안정된 시장을 확보하게 된다. 관련 중소
기업의 안정적인 성장은 전북도민의 고용을 안정화시
키고 기업은 기술 축적의 기회를 확보함으로써 지속
성장의 토대를 만들 수 있다. 한국GM이 떠난 후에 남
아 있는 관련 중소기업이 주축이다.

도농협력이며 광역자치체간 협력이다

이번 두 광역자치단체의 협약은 다양한 의미를 지닌다. 도농지대의 협력이며, 중소기업육성의 실질적인 방식이며, 지방자치제를 통한 중소기업과 소비자간의 연계이기도 하다. 이러한 시도가 성공을 거두면 각종 유형의 지방자치체간 사업으로 발전하게 된다. 이 사업은 일단 자동차 대체인증부품산업을 위해 전국 최초로 조례를 만든 송하진 도지사의 공이지만 수도권지역에서 유통소비진작의 파급효과를 예상한 이재명 당시 지사의 통찰이기도 하다. 훌륭한 시도다.

20대 대통령 선거운동이 본격적으로 진행되고 있다. 입후보자들이 자신을 홍보하는 가운데 유권자들은 그들 중 누군가를 바로 선택해야 한다. 한 길 사람 속은 알 수 없다지만 유권자는 여러 가지 자료를 활용하여 각 후보를 판단해야 한다. 그 중에서 사람을 판단하는 주요 수단이 바로 책이다. 정치인들은 간혹 자신을 미화하거나 거짓으로 기술한 책을 출간하기도 하지만 독자가 문장의 의미와 전체 맥락을 들여다 보면 커다란 줄기가 보인다.

정치에 관심이 높은 분들이면 읽어보아야 할 책

나는 대통령 선거의 시기가 되면 주요 대선 주자들의 자전적 에세이를 들춰 보곤 한다. 이번 선거의 주요 인물이라면 여당에서는 이재명, 야당에서는 윤석열과 안철수이다. 에세이를 보면 그 후보가 얼마나 진실한지, 얼마나 국민의 삶에 애정이 있는지, 실무 역량은 어느 정도인지, 국제정세와 남북문제에 대해서는 어느 정도 관심 있는지가 드러날 것이다.

이러한 작업의 일환으로 이재명의 자전적 에세이 〈이재명은 합니다〉를 읽어 보았다. 지지하는 사람이나 반대하는 사람이나 혹은 정책수립에 관계하는 사람들 모두 읽어볼 만하다. 특히 이재명을 지지하는 사람은 꼭 이 책을 읽어봐야 한다. 이재명은 어떤 사안이든 집단지성을 강조한다. 어떤 정책 과제도 국민의 지지와 창의적인 제안이 없다면 실현될 수 없다고 말한다.

집단지성을 강조하는 후보

이재명은 집단지성을 발휘하게 하는 과정으로 늘 토론과 논쟁을 선택한다. 가령 2021년 5월 21일 이재명의 제안으로 남북평화협력 지방정부협의회가 출범하여 환경 농업 문화예술 등 7개 분야의 교류활성화를 추진한다. 그는 어떤 과제를 수행함에 있어서 중지를 모으고 광범위한 공감대를 수립하는 가운데 현실적인 동력을 마련한다.

이재명의 자전적 에세이는 그의 철학과 특징을 고스란히 보여준다. 이 책을 읽어보면 그가 거론하지 않았던 문제도 어떻게 처리할 지 그려진다.

16.
한반도
평화통일에
가장 잘 준비된
정치지도자

분단된 한반도에서 평화통일은 우리의 오랜 염원이고 과제다. 오랫 동안 평화통일운동이 이어져 왔지만, 여전히 한반도는 분단을 극복하지 못하고 긴장상태에 놓여 있다. 어둠이 깊어도 새벽은 오는 법. 국제정세는 미국의 일극패권 시대로부터 주권 시대로 변모하고 있다. 북한은 핵을 통한 전쟁억지력을 확보한 가운데 경제에 집중하고 있어 외부 세력의 교란으로부터 보다 안정적이 되었다.

평화통일은 민족의 활로

한편 남한은 IT 기반의 세계 일류산업국으로

발전하고 주권 국가로서의 자기 위상을 분명히 해야 하는 시점에 이르렀다. 전작권을 환수하고 한미관계도 조금 더 동등한 선상에서 유지해가며, 남북문제도 민족 자체의 역량으로 풀어가야 한다는 확고한 인식이 필요한 단계에 이르렀다.

이 시기에 정치인 이재명은 남북평화통일에 대해 누구보다 가장 잘 준비하고 훈련된 지도자로 보인다. 2020년 5월 21일 경기도를 비롯하여 전국의 총 60개 지자체가 '남북평화협력 지방정부협의회' 출범식을 열었다. 이로써 지방정부들은 남북교류협력을 적극적으로 추진할 수 있는 법적 제도적 조직적 기반을 마련했다.

정치인 이재명의 한반도통일에 대한 열망과 사색은 어제 오늘의 일이 아니다. 2016년 6월 광화문에서 있었던 '중앙정부(박근혜 정부)의 지방정부에 대한 압박'에 항의하는 단식 중 그의 머리를 가득 채우는 단어는 '지방자치'와 '한반도 통일'이었다고 한다. 그는 경기도지사가 되자 평화협력국을 만들어 지방정부 차원의 남북교류 협력사업을 시작한다.

머리를 가득 채운 '한반도 통일'

이재명의 문제의식은 일시적이거나 단편적이거나 일방적이지 않다. 늘 많은 지방정부들과 시민들과의 호흡을 중시하면서 평화통일의 주체는 우리 모두라는 것을 분명히 하고 있다. 정치인 이재명은 현재 여당과 야당을 통틀어 평화통일 문제에 가장 높은 인식과 실천을 보여주고 있다.

언젠가부터 기본소득이 있었으면 좋겠다는 생각이 들었다. 50대 중반 퇴직한 후 한동안은 있는 돈으로 그럭저럭 생활을 해왔다. 시간이 지나면서 있는 돈도 거의 떨어져 1인 자영업을 시작했으나 언제 안정적인 궤도에 오를 지 알 수 없다. 내 주위의 동료들이나 선후배들도 자세하게 들어본 바는 없으나 비슷한 처지들로 보였다.

돈이 많거나 연금 보장이 잘 된 전직 공무원, 교사, 군인 등의 일부 직종을 제외하면 사정은 비슷할 듯하다. 청년들 중에도 정규적인 직장에 취업할 기회를 잃어 시기를 놓친 이들도 계속되는 알바로 근근이 생활은 유지하지만 불안정하기는 마찬가지다. 더구나 지금은 취업 공고도 많지 않아 청년들도 일자리 찾기 가 하늘의 별 따기다.

기본소득은 정말 필요하다

이 때 재산 소득과 고용 여부, 노동 의지에 상관 없이 모든 국민에게 동일한 최소 생활비를 지급하는 제도가 실시된다면 더 고마울 것이 없겠다. 생활에 대 한 불안감도 훨씬 줄 것 이고, 사람들과의 만남도 빈번 해져 삶이 조금 더 유쾌해질 듯 하다. 일부 사람들은 기본소득이 실시되면 도덕적 해이가 생기고 노동생산 성이 낮아질 것이라고 주장하지만, 그것은 대체로 안 정적인 소득이 있는 사람들의 이야기이다.

핀란드에서는 2015년 실시한 설문조사를 통해 전체 국민의 약 69%가 무조건적 기본소득에 찬성하였 다고 발표했다. 이에 따라 2017년 1월 1일부터 우선적 으로 실업자 2,000명을 대상으로 2년간 월 560유로(한 화 약 70만원)의 기본소득을 지급하고 있다고 한다. 프랑 스와 네덜란드, 캐나다 등도 이 방안의 도입을 논의하

고 있다고 한다. [5] (네이버 지식백과)

같이 먹고 삽시다

기술이 발전하면 생산과정에서 노동이 차지하는 비중이 감소해 노동소득만으로는 생계를 유지하기 어려워 질 것이다. 이미 한국 사회에서는 이러한 모습이 광범위하게 나타나고 있다. 문제는 이를 극복하기 위한 대안으로 만들어지는 기본소득제를 입안하고 실무화하는 정치, 행정분야 공무원들이 기본소득제의 혜택과 거리가 먼 사람들이어서 이를 강력하게 시행하는데 커다란 장애물이 될 수도 있다는 점이다.

이런 시기에 이재명이라는 정치인이 이 제도를 강력하게 들고 나왔다. 쌍수를 들고 환영하지 않을 수 없다. 의지와 추진력에서 타의 추종을 불허하는 정치인이 주장하고 있다는 점에서 희망이다. 이런 지도자가 국민들과 공무원을 설득하고 지휘하면서 기본소득제가 구체적으로 시행되기를 바란다. 기본소득제는 나의 노후이며 나의 생활이 걸린 문제다.

---

5) 출처 : 네이버 지식백과

18

높은 국제감각을 가진 지도자를 기대한다

대한민국의 지도자는 훌륭하고 높은 국제감각을 가져야 한다. 한반도는 여전히 분단되어 있고 세계 최고의 4대 강국에 둘러싸여 있어 한반도의 운명은 늘 국제정세에 민감하다. 이런 조건은 우리에게 단점이면서 장점이기도 하다.

19세기 말 우리 땅에서 청일전쟁이 일어나 고난이 시작됐고, 20세기 중반 냉전이 발화한 한국전쟁으로 우리 민족의 20%이상이 죽는 참화를 겪었다. 고난의 민족사는 분단으로 이어져 여전히 고통과 높은 비용을 감당하고 있다. 우리는 이제 IT 기반의 세계 최고 수준의 공업 국가가 되었고 문맹률, 치안, 방역, 보건, 문화, 예술 등 수 많은 분야에서 1등급의 문명수준으로 나아가고 있다.

세계 최고수준의 공업국

이 시기에 차기 대통령은 내부문제(지속성장, 빈부격차, 공정사회 등)만이 아니라 대외문제에도 주권국가로서의 위상을 세움과 동시에 평화통일에 불가역적인 기반을 조성해야 한다. 이를 위해서는 지도자의 역사적이고 공시적인 국제감각이 필수적이다. 나는 지방자치 선거가 끝난 직후 이재명 선거캠프의 핵심 간부로 있었던 후배와 담소를 나눈 적이 있다.

이러 저런 대화 후 후배가 혹시 이재명 지사에게 권고할 사항이 있는지를 물었다. 난 두 가지를 건의했다. 첫째는 국제정세를 부단히 살펴보실 것, 둘째는 동서양 고전을 끊임없이 공부하실 것 이었다. 그후 이재명 지사의 발언을 늘 살펴보게 되었다. 하지만 경기도는 국제문제가 드물어 당시 이재명의 전체적인 국제정세관을 살펴볼 수는 없는 일이었다.

평화부지사를 둔 유일한 지역, 경기도

하지만 경기도 조직 내에 평화부지사, 평화협력국이라는 부서를 두는 것이나 대북전단 살포 엄단 발언과 미국 내 후원자들에 대한 대응 발언 등에서 보여지는 이재명의 국제 감각은 중앙정부의 수장으로도 손색없는 것이었다. 그리고 그의 핵심 보좌진들로부터 들려오는 이야기도 국제정세에 관한 관심과 연구가 상당한 수준이라는 것이었다.

성공적인 정치 지도자 중에 높은 국제감각을 소유하지 않은 자는 없다. 종전선언, 평화조약, 남북교류, 그리고 안정적인 한미, 한일, 한중, 한러 관계 등 우리를 둘러싸고 있는 주변정세에 주체적이고 현명한 대응은 민족의 생존과 발전에 필수적이다. 이재명의 높은 국제감각을 기대한다.

19

이재명은
사람이
우선이다

이재명은 그의 노선을 실용주의라고 주장한다. 실제로 쓰임새가 있는 일을 한다는 의미다. 공허한 담론은 배제하고 실질적으로 효과가 있고 유익한 일을 지속하겠다는 것이다. 그는 큰 주제부터 작은 주제까지 쉼 없이 자기의 갈 길을 제시하고 동의를 구하며 실천한다.

그는 작은 일처럼 보이지만 큰 일을 개선하려는 노력을 지속한다. 한계 상황에 처해있는 배달노동자들을 지원하고, 생리대를 비치해 소녀들을 지원하며, 유원지의 환경을 개선하고, 중소기업의 기술이 도둑맞는 것을 방어하려고 한다. 20%를 넘는 사채는 죄

악이라며 분노하고 이를 개선할 것을 끝없이 중앙정부에 건의한다. 또 인간다운 삶을 만드는 경제적 기초로 기본소득제를 관철하려 한다.

분노하는 이재명이 좋다

공자께서는 "오직 어진 사람만이 남을 좋아할 수 있고 남을 미워할 수 있다. (子曰 唯仁者 能好人 能惡人)" 라고 말씀하셨다. 무언가, 또는 누군가를 진정으로 좋아할 수 있고 진정으로 미워하기가 쉽지 않다는 뜻이다. 이자율이 20%가 넘는 사채에 분노하고 이를 개선하고자 하는 그의 행위는 인이다. 가난한 이들에게 20%가 넘는 이자는 그 자체가 고통이고 지옥이다. 이를 알고 있어도 대부분의 정치인과 학자들, 기자들과 관련 공무원들은 나 몰라라 한다. 이에 분노하고 바로잡는 것이 정치다.

사람을 끝없이 비참하게 만들고 우울하게 만드는 모든 것들에 대한 분노, 그렇지만 이런 것들을 제도적으로 개선하고 합리적으로 바꿔야겠다는 깨달음이 이재명의 정치 동력인 듯하다. 다른 정치인들에게는 진정한 분노가 보이지 않는다. 말은 번드르르 하지만,

무엇을 하려는지 분명하지 않다. 분노로 가슴이 뜨겁지 않아 울림이 없다. 이게 이재명의 다른 점이다. 울림이 있는 실용주의, 삶을 구체적으로 개선하는 실용주의다.

지속되는 대화, 지속되는 성찰

그의 실용주의는 효율이나 생산성 등 결과로서의 실용주의가 아니라 인간의 생동한 삶을 향한 실용주의다. 그의 실용주의는 인본이 전제된, '사람이 우선이다'는 대명제가 밑바탕에 깔린 실용주의인 것이다. 이러한 전제가 사회적으로 실현되면 효율과 생산성이 높은 사회로 발전하며 선순환이 계속된다.

가난, 험한 노동, 사람들의 멸시를 경험해도 승화되지 않으면 훨씬 노회하고 극악한 작은 군주가 탄생한다. 하지만 이재명은 이와 반대다. 자기가 당했던 모든 고통을 사회적으로 제거함으로써 한 단계 더 나은 사회로 발전시킨다는 자각이 그의 정치동력이다. 그래서 그의 정치는 자신과의 대화이며 이웃과의 대화이다. 그가 말하는 성장은 인간을 위한 성장이 되리라 생각된다.

한국 정치사회 세력의 토대를 형성하는 세 가지 고리가 있다면 혈연, 지연, 학연이다. 경제 세력도 이 세 가지 고리와 무관하지 않다. 지난 30여년간 수도권 집중화 현상으로 지연은 다소 약화되었지만, 일부 지역의 '묻지마 챙겨주기'는 여전하다.

기존 재벌들과는 달리 벤처 1세대 기업들이 혈연, 지연, 학연과 무관할 것이라는 일반적인 인식과는 달리 학연에 기반한 순혈주의로 구조적 폐해가 문제가 되고 있다. 직장내 괴롭힘에 따른 자살, 대기 발령자의 고용 불안, 상시적 초과근무 등 근로기준법을 위반한 사실이 무더기로 드러나면서 사회문제로 대두되고 있다.

무연고의 정치 지도자

IT 업계에서 드러나는 각종 일탈은 개인적인 문제를 넘어 학연을 기반으로 한 특수관계가 구조적 집단으로 고착되면서 발생한 것으로 분석하고 있다. 최첨단 IT 기업도 학연, 특히 서울대 출신으로 연결된 '이너 서클'에 들어가지 않으면 파편화된 개인들에 불과하다는 것이다. 핵심 정치 세력에게 혈연, 지연, 학연은 불가피한 측면이 있지만 일정 수위를 넘어설 경우 수많은 문제를 일으킨다.

이명박 정부 시기에 강남과 포항, 고려대와 소망교회 네트워크는 정·관계를 장악하는 기본 고리였고 박근혜 정부 시기에는 박정희 키즈 네트워크와 최순실 사건 등 사적 인연이 공적 가치를 압도하는 비정상의 끝판왕이었다. 김대중, 노무현, 문재인 정부도 이너 서클이 형성된 배경이 이명박과 박근혜 정부와는 전혀 다른 것이었지만, 일정 부분 논란이 일었던 것도 사실이다.

이런 점에서 이재명은 새로운 유형의 지도자

다. 이른 나이에 고향 경북 안동을 나와 성남에 스며들어간 이재명 가문이 안동과 성남을 내세우며 그곳에서 맺어진 인연들을 성남 인맥으로 부르기는 어불성설이다. 또 검정고시를 거쳐 중앙대 법대로 들어가 맺어진 인맥으로 특정 라인을 만드는 것도 있을 수 없는 일이다.

가치 지향적 관계 집단

그야말로 이재명 세력은 온전히 공적인 일을 통해서 맺어진 가치 지향적 관계 집단이며 이재명이 지향하는 미래 비전에 공감하는 사람들이 하나 둘 모여 이루어가는 새로운 유형의 정치세력이다. 이는 우리나라의 자본주의 발전과정과 그 맥을 같이 하고 있다. 기존의 농촌공동체는 이미 해체되었고 모든 인적 자원은 수도권에 집중된 현 시기를 반영하고 있다.

그렇기에 이재명 세력은 기본적으로 개방성을 추구한다. 그리고 혈연, 지연을 넘어서는 가치 지향적 보편성을 갖는다. 다만 모든 세력은 이너 서클을 공고히 하는 경향을 갖는다. 이것이 과도할 때 빚어내는 폐해는 늘 경계할 일이다. 이재명을 중심으로 떠오르는 신진 세력은 지역을 넘고 학연을 넘어 새로운 한국의 정치 지형을 만들어 낼 것이다. 노무현 전 대통령이 희망했던 '새로운 정치의 맏형' 노릇을 이재명이 담당할 지도 모른다.

보국안민(輔國安民)의 출발은 기본 시리즈다

36세의 한 젊은이가 야당의 대표가 되어 한 때 떠들썩했다. 당시에는 마치 정체되어 있는 한국정치가 곧 바뀔 듯이 야단이었다. 젊은이를 대표로 뽑은 야당은 오랜만에 희망을 가질 법도 하다. 하지만 대표가 젊다는 것을 제외하고 무엇을 하겠다는 것인지, 어떤 가치를 가지고 나아가겠다는 것인지는 아직까지 불분명하다.

그는 2019년 홍콩민주화운동을 지지한다거나 레디컬 페미니즘을 비판한다거나 천안함 사건에 대한 정부의 발표를 의심하는 사람들을 음모론이라고 비난했다. 그는 실력주의를 지향하며 공정한 경쟁을 지지하는 적극적 자유민주주의자라는게 일반의 평가다. 미국의 시스템을 선호하는 듯하고 극단적인 행위는 경계한다.

이준석의 등판과 2030의 불만

한 젊은이의 야당 대표 등판으로 여당은 살을 깎는 자기 변신을 실제로 보여주어야 하는 시점에 이르렀다. 청와대를 접수하고 국회 의석의 180석을 장악한 더불어 민주당이 보여준 그간의 행보는 지지부진 그 자체였다. 집값 폭등과 청년실업 등으로 불거진 2030의 불만을 적극적으로 흡수하고 시정하지 못함으로써 많은 국민, 특히 젊은이들의 관심은 국민의 힘당의 이벤트에 쏠리게 되었다.

현재 코로나 19의 대유행으로 증폭된 한국 사회의 정치, 경제, 사회적 모순은 새로운 국면에 이르렀다. 이 시점에서 생태경제학자 우석훈 교수가 〈팬데믹 제2국면〉[6]에서 주장한 우려를 주목할 필요가 있다.

6) 팬데믹 제2국면, 문예출판사, 2021.05.31

한국은 코로나 대유행을 거치면서 '선진국 현상'이 생겼다. 코로나 사태 이후 약 4년동안 선진국 최상위 그룹에 속하게 될 것이다. 동시에 팬데믹 양극화가 진행되면서 경제 생태계의 약한 고리들은 시장에서 탈락하게 될 것이다. 잘 나가는 기업과 부자들은 최고의 호황을 누릴 기회이지만, 대다수의 국민은 악전고투하며 희망을 상실할 것이다.

그렇다면 국가는 팬데믹 국면에서 어려워진 사람들을 지지하고 보상해주는 노력을 할까? 책에 따르면 OECD국가 중에서 가장 적은 팬데믹 보상이 이루어진 국가는 한국으로 일본의 5분의 1 수준이다. 자영업자에 대한 지원 또한 임대료를 90%까지 지원해주는 캐나다같은 나라들에 비해 인색하다. 특수고용직과 프리랜서에 대한 재난지원금 역시 실질적인 생계를 지원하기에는 미미하고 이마저도 간헐적이다.

어려워진 사람들에게 인색한 한국 정부

우석훈 교수는 책을 통해 비상시기에도 확대 재정에 반대하며 지원금을 아끼는 대한민국의 경제운용 방식을 날카롭게 비판한다. 경제의 약한 고리들이 받을 충격을 완화하는 노력을 하지 않으면 한국 경제의 약점인 내수에 커다란 충격이 올 것이라고 경고한다. 그는 바로 지금 지속되는 팬데믹에 대비할 수 있는 경제적 장치와 제도적 정비가 필요하다고 주장한다.

이 시점에서 논의되고 있는 기본소득, 기본주택, 기본금융은 단순한 복지정책을 넘어서서 내수 진작을 통한 적극적인 경제활성화 정책이자 사회의 취약계층을 없애는 적극적인 사회개혁이다. 또한 건강한 중산층을 육성하고 한계상황에 처한 국민을 구제함으로서 대동사회라는 동양적 이상을 지향하는 새로운 시도이다. 기본소득본부를 중심으로 벌어지는 각 지역의 지부 결성과 회원 모집은 기본소득 실현을 위한 대중적 지반을 공고히 하는 것이다. 기본소득은 차기 대통령 선거의 쟁점이 되었다. 기본소득은 새로운 희망이고 대동사회의 출발이다.

　　이재명은 한일관계와 국제관계에서도 '아닌 경우에는 아니다'를 분명히 하는 면모를 보이고 있다. 그와 경쟁했던 이낙연, 정세균은 물론 윤석열과 안철수 등 야권주자 모두 이런 사안에 대해 침묵으로 일관하고 있는 것과는 아주 다른 행보다.

　　임진왜란 이후 계속되었던 일본의 도발은 여전히 지속되고 있다. 지난 시기 조선을 강점했던 일본은 여전히 독도를 국제분쟁화시키면서 한반도의 불안을 획책하고 있다. 이재명은 도쿄올림픽 지도의 독도 표기와 관련하여 우리 정부의 항의와 지방정부 차원의 서한, 국회의 규탄 등이 이어졌지만 모르쇠로 일관하

고 있다며 도쿄올림픽 불참을 검토해야 한다고 주장
했다. 국제올림픽위원회(IOC)에도 일본에 편향적으로
동조하지 말 것을 촉구했다.

한국, 이제 무너져가는 19세기의 조선이 아니다

이제 끝낼 때가 되었다. 이미 한국은 19세기 무
너져가는 조선이 아니다. 한일간의 진정한 우호협력
을 위해서도 일본 지도부의 침략적 대한반도관을 분
명이 정리할 시점에 이르렀다. 한국의 지도층은 일부
일본 정객들의 제국주의적 동아시아관의 위험성을 깊
이 인식하며 21세기 신문명의 선도국으로서의 한국의
위상을 분명히 해야한다. 서양의 미국 문명이 한계를
노출하며 무너져 가는 시기, 이와 함께 침략적 국제관
이 폐기되어야 할 이 시기에 파렴치한 일본의 대한반
도관을 확실히 정리하는 것은 평화와 안정의 동아시
아 국제관계를 준비하는 첫걸음이다.

도올 김용옥은 19세기가 배출한 조선과 일본의
두 사상가 수운 최제우와 요시다 쇼인을 거론하며 조
선과 일본의 문명사적 의의를 극적으로 비교한다.

조선은 이미 19세기에 보편선을 말했다

"조선 역사가 이미 19세기 중엽에 수운과 같은 보편주의적 사상가를 배출하고 있었다는 것은 참으로 경이로운 사건이다. 같은 시기에 일본에서는 요시다 쇼인(吉田松陰, 1830~1869)과 같은 사상가가 주변의 나라들을 침략하고 식민지화하여 대일본제국을 형성하지 않으면 도저히 서구열강의 침략에 대비할 길이 생기지 않는다고 하는 제국주의적 손노오죠오이(尊皇攘夷, 천황을 모시고 오랑캐를 몰아내자), 정한론(征韓論, 한국뿐 아니라 만주와 홋카이도, 필리핀과 대만, 오키나와를 전부 식민지화 해야 한다), 그리고 대동아 공영권사상의 원형을 논하고 있었다.

그러나 피압박 속에서도 보편선(普遍善, Universal Good)을 말하고 있는 수운 최제우는 우리 조선의 문화적 역량의 최종적 집결태로서 자연스럽게 조선 대륙의 지평 위에 드러나고 있었던 것이다. 그토록 혼란한 시기에도 우리나라에서는 수운의 인간존엄의 사상이 민중의 혈관 속으로 스며들어갔다는 것을 생각하면 우리 문명의 높은 수준이 하루 아침에 이루어진 것이 아님을 깨닫게 된다. 그것은 진실로 위대한 단군 조선

평범한 경우 아닌 어째다 재명 세대에 관심이 생겼을까

홍익인간의 정맥이었다."

　대전환의 시기 20대 대통령 선거를 앞두고 있다. 일본과도 새로운 관계를 맺을 때가 되었다. 국제관계에서도 좀 더 자주적이고 유연한 정부와 함께 말이다.

이재명의 대선 후보 경선 출마 선언문은 쉽고
간명하다. 그의 문제의식은 언제나 다수의 국민의 삶
에 있다. 동시에 우리 사회의 강점과 단점을 정확히
들여다 보고 있다. 그는 과거의 업적을 잘 파악하고
있을 뿐만 아니라 다가올 미래를 잘 예측하고 있다.

그의 비전은 구체적이면서 담대하고, 미래지향
적이다. 그러면서 그 길로 가는데 나서는 난관을 극복
하고자 하는 결단과 용기를 표명하고 있다. 또한 그의
비전은 구체적이면서 포괄적이고, 현실적이면서 철학
적이다.

민주당의 다른 후보 지지자들과도 커다란 단결

을 기대한다. 더 나아가 야당 지지의 광범위한 대중도 이재명의 깃발 아래 굳게 뭉쳐 새로운 시대를 열기를 기대한다. 이재명과 윤석열의 경쟁도 이제 본격화되었다.

발광체와 반사체

이재명 후보에 대한 지지는 발광체에 대한 지지지만, 윤석열 후보에 대한 지지는 반사체에 대한 지지다. 발광체는 흐리고 비가 오는 날에도 밝게 빛나지만, 반사체는 빛이 없으면 용도 폐기된다. 먼지가 끼더라도 발광체는 빛을 발하지만, 반사체는 그 기능을 상실한다.

이재명 지지자들은 고난을 겪은 군대지만, 윤석열 지지자들은 지금까지 누려왔던 꽃방석이 그리운 이해관계로 우수수 모인 지지자들이다. 발광체를 지지하는 사람들은 가치와 미래 비전을 꼼꼼히 챙겨보며 미래 트렌드를 만들어가는 집단지성이지만, 반사체를 지지하는 사람들은 그저 현정부가 못마땅하고 마음자리가 꼬여 왜 지지하는 지도 분명치 않은 채 모인 군중일 따름이다.

이재명
승한

고난을 겪은 대오가 최후에 승리한다

지지 이유가 분명하고 가치와 미래비전을 공유하는 일은 어려운 일이다. 그러기에 이재명의 지지율은 긴 시간을 거쳐 조금씩 조금씩 그 대열이 늘어난 것이라면, 윤석열의 지지율은 어느 날 갑자기 하늘에서 떨어진 지지율이다. 이재명의 대열은 지금도 유권자의 4분의 1에 그치는 소수다. 하지만 고난을 겪은 군대만이 최후의 승리를 쟁취하듯 지금도 끝없이 강과 산을 넘고 있다. 아마도 차돌같이 단단한 4분의 1은 결국 민주당을 단결시킬 것이며 20대 대선을 승리로 이끌 것이다.

불의와 불공정에 분노하는 이재명이 좋다. 서울대 청소노동자의 쓰린 처지에 아파하는 이재명이 좋다. 연민과 분노가 없는 정치인은 이를 해결할 수 없다. 분노하는 자만이 사랑할 수 있다. 그게 이재명이다.

지난번 예비경선 과정에서 보여주었던 이재명의 타 후보에 대한 발언은 선의이자 배려였다. 그렇지만 배려하되 자신의 주장을 후퇴하지 마시라. MBC 시선집중과의 인터뷰에서 이 후보는 여전히 자신의 입장을 분명히 했다. 기본소득의 중요성!

우여곡절이 위대한 인간을 만든다

위대한 인간이 되는 과정에는 항상 우여곡절이 있다. 이재명은 언제나 약자들의 삶을 부둥켜 안고 있다. 그의 정책은 국민들의 구체적인 삶에 기반하고 있다. 그는 민본과 민생을 겉치레로 말하지 않는다. 이것이 이재명을 내세워야 하는 근본 이유이다.

"어제 7일, 이자제한법이 시행돼 법정 최고금리가 24%에서 20%로 낮아졌습니다. 하지만 국민들 보시기에 충분치 않으실 겁니다. 앞으로 더 인하하는 계기로 만들어야 합니다. 지금 같은 저성장 시대에 연이자를 20%까지 허용하는 것은 온당한 일은 아닙니다."

배달특급으로 소상인을 지원한다

"두 번째 소식은 경기도가 지난해 12월부터 시작한 공공배달앱 '배달특급'이 누적 가맹점 3만 47개를 돌파한 것입니다. 올해 목표가 3만 9천개였는데 반년 만에 목표치의 77%를 달성했습니다.

적극적으로 가맹해 주신 소상공인 여러분께 감사드립니다. 민간 배달앱은 중개 수수료가 6~13% 수준이지만, '배달특급'은 1%대 수수료로 소상공인의 경제적 부담을 확 줄였습니다. 앞으로도 수수료 걱정 없이 마음껏 장사하실 수 있도록 더 노력하겠습니다."

이재명의 장점은 해결 과제에 신속히 달려가는 데 있다. 문명국으로 발전하는 대한민국에 아직도 고리대가 횡행한다니 통탄할 일이다.

"부총리는 고집을 부리며 자기의 정치 신념을 관철하는 자리가 아닙니다. 홍 부총리님은 억지 그만 부리고 여야 최초 합의대로, 집권여당의 방침대로 전 국민 재난지원금을 지급하십시오. 정치 신념 관철은 국민에게 직접 위임 받은 선출직 공무원의 몫입니다."

홍남기 경제부총리의 재난지원금 지급 훼방에 대한 이재명 후보의 페이스북 발언이다. 현 시기는 민본, 민생, 민주에 근거하여 실용주의를 관철하고 한국 사회를 한 단계 발전시켜야하는 시기다. 공무원의 훼방과 해태를 타파하고 민에 복무하는 공무원 본연의 자세 확립은 필수적이다. 이는 행정의 달인만이 가능한 일이다.

이러한 과제를 가장 잘 수행할 수 있는 후보는 누구일까? 성남시청에서, 그리고 경기도청에서 기량을 갈고 닦아 온 이재명이다. 이것이 이재명을 지지할 수 밖에 없는 이유이다.

이 시점에서의 이재명과 주역괘

현 시점에서 이재명 후보의 위치에 대해 주역괘를 뽑아보았다. 뢰천대장 5효! 아주 좋은 괘다. 군자가 힘이 강해져서 소인을 몰아내는 형국이다. 주역에서 군자는 도를 지향하여 끊임없이 노력하는 도덕적 지식인이고, 다음은 사회적 지위가 있는 지도적 인사를 말했다. 대장괘는 군자가 잠시도 쉬지 않고 일어나는 싸움과 갈등을 조화로 융화시켜야 하는 국면을 말한다.

진실로 크고 강한 힘은 어리고 약한 것들을 보호하는 힘인 것이다. 강한 힘을 가진 사람이 바르게 나갈 때 사회가 더욱 편안해질 수 있고, 우레와 같은 위엄과 결단으로 올바른 사회정의를 확립해야 함을 강조했다. (大壯 大者 壯也 剛以動故壯 大者 正也 正大而天地之情

이재명 응답하라

可見矣)

부드러움이 강함을 제압한다

양의 속성을 알아서 쉬운 방법으로 양의 힘을 약하게 하여 잘 몰고 가야한다. (喪羊于易 无悔) 힘은 힘으로 막아서는 안 되고 부드러운 슬기로 막아야 하니 앞으로 달려오는 양을 힘만으로 억지로 막을 수는 없다는 뜻이다. 혼란한 힘들이 세상을 뒤흔들어도 그것을 잘 다스릴 수 있는 슬기로운 방법이 생각보다 쉬운 데서 나온다는 것이다.[7] 이재명은 늘 어제의 이재명이 아니다. 당연히 1년전의 이재명도 아니다. 부드러움과 강함을 동시에 갖추고 있다.

7) 종교매일신문 이시헌 해설 참조

더불어 민주당 1차 예비경선 이후 여야 대통령 후보간 지지율변동을 둘러싸고 소란했다. 요약하면 이재명은 약간 하향, 이낙연은 뚜렷한 상승, 윤석열은 대폭 하향이라고 전해진다. 이재명의 하향은 1위 이재명에 대한 다른 후보의 집중 공격에 대한 수세적 대응과 바지발언이 이유라는 게 대체적인 분석이었다.

위대한 성취에는 난관이 따른다

일부 언론은 친문그룹이 이낙연에 눈길을 주고 있다고도 하며 경남지사 김경수에 눈길을 주면서 대안을 모색하고 있다고 해설했다. 야당은 이재명이 고립되면서 여당 내의 경선이 갈등으로 발전하여 반사이익을 얻을 수 있다고 기대했다.

역사의 발걸음은 늘 우여곡절 속에서 전진하듯이 이재명과 그 대열 또한 마찬가지다. 아무런 곤경을 겪지 않고 전진해가는 대열은 없다. 이런 점에서 더불어 민주당 1차경선에서 맛본 이재명과 그 대열의 쓴 경험은 향후 전개될 고된 전투의 미미한 경험일 뿐이다.

촉나라를 세웠던 유비는 수 많은 제후들이 명멸하는 가운데 인의(仁義), 인재 중시, 덕치를 일관되게 주장하며 빈 손에서 시작하여 위촉오의 삼국 정립을 이뤄냈다. 이 과정에서 유비 삼형제와 제갈공명이 넘은 사선은 헤아릴 수 없다.

임진왜란 시기 이순신 장군이 겪었던 고초 또한 죽음의 터널을 지나는 것이었다. 중앙정부의 아무런 도움 없이 오히려 질투와 훼방이 계속되는 가운데 구국의 일념으로 백성들과 일치단결하여 나아가는 이순신의 여정은 고난 그 자체였다.

어려울 때일수록 근본을 생각한다

민주당 1차 예비경선과정의 성적표가 미미한

경험에 불과하지만 가볍게만 볼 수는 없는 일이다. 이럴 때일수록 근본으로 돌아가 (Back to the basic) 성찰하는 일이 필요하다.

일하기 위하여 권한이 필요하다! 민본! 실용주의! 실사구시! 시대정신! 시대와 민에 대한 겸허! 승리에 대한 낙관주의! 일 잘하는 이재명! 작은 것을 발전시켜 큰 것을 쟁취한다! 방심은 금물! 위엄을 세우되 겸손하며 민에 헌신!

고난과 우여곡절은 위대한 업적을 이루는 대열의 필수불가결한 과정이다. 옷깃을 여미고 준비하고 또 준비하는 것이다.

이재명이 대통령이 되어야 하는 이유 중 하나는 윤석열 후보가 대통령이 되면 예측 불가능하고 사회가 불안해질 것이기 때문이다. 우리는 이명박과 박근혜와 같은 대통령이 나올 때 한 나라가 얼마나 망가지는지를 보았다.

윤 후보, 미래 비전이 없다

지난 행보에서 보인 그의 모습은 '반문', '권력욕', '비상식', '거침' 말고는 숙성된 국가 비전이 없다. 후쿠시마원전오염수 방류 무방, 주 120시간노동 발언 등 대내외의 주요현안에 대한 그의 입장은 국민의 일반상식이나 생활감각과는 너무 동떨어진 것이었다. 맥락도 없고 일관성도 없었다. 게다가 거칠고 위압적이기도 했다. "가난한 사람에게는 자유의지가 없다"는 발언에서는 사람인 한에서는 생명으로서의 존엄과 자유에 대한 열망이 깊이 내재해 있다는 현대의 민주적 인간관에 대한 이해가 결여된 것처럼 보인다.

생명, 평화, 연대는 21세기의 새로운 가치다. 탄소배출로 인한 기후 위기와 다수 동식물의 멸종은 새로운 지구 생태에 대한 성찰을 불러일으키고 있다. 기후변화를 통한 동식물의 위기는 곧바로 인간의 위기이기도 하다. 가난한 사람들의 절망 위에 핀 호화로움과 편리함은 곧바로 인간 전체의 위기이기도 하다. 차기 대통령은 격차해소, 산업 전환, 남북평화 국제위상제고뿐만 아니라 생명의 가치를 옹호해야 한다.

끔찍한 발언이다

윤석열 후보에게 연민, 연대, 생명, 평화, 인권 등의 가치가 있을까? 안양의 도로포장 야간작업에서 세 명의 노동자가 사망한 사고가 일어난 날 윤 후보는 사고 현장을 찾아 "본인이 다친 거고, 기본수칙을 안

지켜서 비참한 끔찍한 일이 일어났다"고 언급했다. 사망사고의 여러 요인을 조사도 하지 않은 상황이었다. 참으로 어이없는 일이었다. 죽은 노동자들과 그 가족들에게 비수를 꽂은 것이다.

윤석열이 대통령이 되면 나라는 엉망이 되고 뒤틀릴 것이다. 자기 친정인 검찰을 동원하여 자신의 마음에 들지 않는 정치인, 경제인, 언론인, 학자, 문화예술인 등을 상대로 사적 보복을 하지 않으리란 보장도 없다. 민주적 시스템은 무너지고 민족적 과제 해결은 멀어진다. 다행히 그는 더 이상 지지율 상승이 가능할 것 같지 않다.

28.
시대가 원하는
20대
대통령의
임무

　　팬데믹 시기에 제20대 대통령선거가 진행되고 있다. 한국 사회는 선진국이 되었다. 하지만 기적을 이룬 나라가 되었다는 것도 잠시, 기쁨을 잃은 나라이기도 하다. 한국 사회는 기적을 유지하고 발전시키면서 온 국민에게 행복을 가져다 주는 심화된 한국민주주의를 요구하고 있다. 온전한 군사작전권을 회수하고 남북평화 평화통일을 향한 거대한 일보를 디뎌야할 시점이 되었다. 20대 대통령은 이를 수행해야 하는 핵심적인 지도자다. 여기에 이재명은 더할 나위 없는 적임자다.

이재명
응징능

어느새 선진국인 대한민국

우리나라가 어느새 선진국 대접을 받고 있다. 국민들 또한 자기도 모르는 사이에 바뀐 나라의 위상에 뿌듯해 한다. 한국인의 성취를 해설하는 젊은 유튜버들이 차고 넘친다. 바야흐로 신민족주의의 부활이다. 어쩌면 당연한 일이다. 미국 중심의 일극 패권이 몰락하고 있는 가운데 전 미국 대통령인 트럼프는 미국 우선주의를 내걸었다. 중화 민족의 부흥, 러시아의 민족주의, 이란의 페르시아적 전통, 터키의 독자 노선 등 그야말로 다극 시대, 주권 시대를 맞이하고 있는 가운데 한민족의 성취를 자랑스러워하는 것은 당연하다. 북한도 일찍이 우리민족 제일주의를 내걸었다.

세계 최고수준에 이른 산업경제

현지 시간으로 2021년 7월 2일 스위스 제네바에서 열린 유엔무역개발회의(UNCTAD) 제68차 무역개발이사회에서 회원국들은 만장일치로 한국의 지위를 개도국에서 선진국으로 변경하는 데 찬성했다. UNCTAD가 설립된 1964년 이래 개도국에서 선진국으로 바뀐 사례는 한국이 처음이다. 우리나라는 2018

년 1인당 국민총소득이 3만달러를 돌파했고, 지난 해엔 세계 경제 톱10에 재진입했다.

코로나19의 대유행기간에 보여준 경제 보건 성과로 세계의 찬사를 받았다. 이러한 추세는 한동안 지속될 것으로 보인다. 어느새 원화의 가치는 높아졌고 달러표시 1인당 GDP는 OECD주요 선진국을 넘어설 전망이다. 수많은 산업 분야에서 1위에 등극했다. 심지어 후발 부문인 제약·바이오 분야도 2020년에 사상 최초의 무역수지 흑자를 기록했다. 이 분야도 이른 시기 세계 최고수준에 이를 것으로 전망된다.

기적을 이룬 나라, 기쁨을 잃은 나라

세계적인 수준에서 선진국 대접을 받기 시작했음에도 한국 자본주의에 드리워진 그늘은 깊다. 미래의 기둥인 청년은 실업으로, 비혼으로, 불안정한 신혼으로, 불안정한 노동조건으로 불안하다. 치솟는 집값은 집 없는 다수의 국민에게 절망을 안겨주고 있다. 1주택 소유자라 할지라도 불안으로 자유롭지 않다. 노인빈곤율과 노인자살률이 OECD국가에서 1위가 된지도 오래다. 노동시간도 OECD국가 중에서 가장 길다.

800만 비정규직과 700만 자영업자들의 위기는 코로나 팬데믹을 지나면서 더욱 심화되었다. 특히 비대면 단계가 지속되게 되면서 수많은 자영업자의 파산은 불가피해졌다. 반면 독점 대기업과 비대면시기 온라인 비즈니스를 구축한 선두기업들은 유래 없는 흑자성장을 지속하고 있다. 이에 따라 이들 기업에 고용된 근로자들과 국가공무원들은 근로자들 중 최상위 소득 그룹을 이루고 있다.

한국 사회의 빈부격차는 더욱 격화되고 있다. 이를 시정하지 않는다면 한국사회의 공동체는 파괴될 것이다. 정부의 적극적인 역할이 요구되고 있다. 하지만 정부 운영 시스템의 미비와 이를 수행하는 보수적인 경제 관료의 저항으로 정부 차원의 국민 보상은 국제적으로 최하수준이다. 2020년 12월말 기준으로 팬데믹 대응에 가장 돈을 많이 쓴 나라는 일본이다. 일본은 GDP 대비 44%를, 독일은 38.9%를 썼다. 한국은 주요 국가들 중에서 가장 적은 13.6%를 썼다. 내용적으로 더욱 부실하다. 경제부처가 선출직 권력의 결정을 거부하고 저항하는 사례가 빈번했다. 제도와 관습, 운영주체, 국민들의 의식 등 다양한 분야에서 개혁과 개선이 시급하다.

20대 대통령은 개혁, 개선을 수행할 선봉

압축성장의 폐해를 시정하고 코로나 팬데믹이 가져온 난관을 극복하며 명실상부한 새로운 나라를 만들 시점에 이르렀다. 한국인이라면 누구나 기초적인 경제사회적 인권이 보장되는 나라, 빈부격차가 줄어들고 견실한 중산층이 주류인 나라, 탄소배출 제로를 지향하며 기후변화에 선진적인 모범을 보이는 나라, 온전한 군사작전권을 확보한 정상적인 나라, 분단이 해소되고 평화통일을 준비하는 나라, 21세기 인간 삶의 비전을 보여주는 새로운 문명국가. 진정으로 인류문명을 선도하는 정상적인 선진국을 만들어가야 하는 시점이다.

세계 추세에 익숙한 사람

20대 대통령이라면 한국의 선진국 현상에 익숙하고 AI나 SNS에 익숙하며 탄소 중립과 기후변화, 양성평등과 남북문제 등 세계 추세에 익숙한 사람이어야 하겠다. 더욱이 지난 과정을 통해 공적분야에서 각종 사안에 대한 맥락을 잘 이해하고 잘 대처해 온 경험이 있는 사람이어야 하겠다. 이러한 측면에서 21세기 환경에 최적화되어 있는 후보는 단연 이재명이다. 시간이 지날수록 20대 대통령이 필요로 하는 비전과 의지, 정책 실무능력과 공감 능력 등이 백일하에 드러나고 있다. 여야 양강구도로 압축될 경우, 이러한 자질은 훨씬 극명하게 드러날 것으로 보인다. 높은 수준으로 발전한 유권자들의 안목은 가장 적절한 대통령 후보와 함께 공진화할 것으로 보인다.

29.
이대남, 삼대남에게도 어울리는 이재명

내가 20대 대통령 선거에 유독 관심을 가지는 이유는 20대, 30대인 아들·딸·조카들 때문이기도 하다. 그들 중 거의 반이 불안정한 직업을 가지고 있다. 임금과 노동조건, 미래의 안정성 모두에서 그렇다. 이준석이 페미니즘을 때리는 선동에 넘어가 일시적으로 국힘당의 오세훈을 찍었더라도 여전히 2030 남녀들의 미래는 차기 민주정부에 달려있다.

불안정한 상태인 아들, 딸, 조카들

지난 한달 간 야당후보들의 발언을 회고해 보면 그들이 도무지 깊은 밤 알바를 해야 살아갈 수 있는 청년들의 실정을 알 수 있을 것 같지가 않다. 더 나아가 그들이 2030 청년들의 미래에 희망을 줄 수 있을 정책을 제시할 것 같지가 않다. 현재까지 아무것도 없다.

한국이 세계무역개발회의(UNCTAD) B군에 들어가 많은 국민이 자랑스러워 하고 있음에도 불구하고, 지난 7월 수출액이 사상 최고를 달성하면서 대기업의 일대약진이 온 미디어를 도배하고 있어도 청년들의 미래는 불투명하다. 2030 청년들, 즉 미래를 짊어지고 가야 할 청년들이 한국 사회를 여전히 헬조선으로 느끼고 있는 한 한국 사회는 위기다.

1987년 6월 항쟁이 있은 지 35년이 지났다. 촛불 혁명이 일어나 박근혜 정부가 물러난 지도 벌써 5년이 지났다. 하지만 한국의 정치경제사회구조는 여전히 박정희 모델이 작동하고 있다. 이것이 빈익빈 부익부 사회의 구조적인 원인이다. 여기에 플랫폼 기업이 새롭게 부상해온 기술 혁명 산업환경이 이를 가속화시키고 있다.

2030에게 희망을

거대한 변화가 필요한 시기이다. 민본, 민생,

민주를 토대로 하는 실용주의적 변화를 통해 새로운 시대로 나아가야 한다. 이를 가능하게 하는 지도자는 이재명이다. 기본소득, 기본금융, 기본주택은 한국의 사회구성원이면 누구나 기초생활에서 불안을 해소할 수 있는 초보적인 조치다. 이 조치는 2030 청년들의 창의성을 발휘하게 하는 마중물이 될 것이다. 집단지성의 지혜를 정치행정구조의 안으로 수렴시킬 수 있는 지도자가 필요한 시대다. 이것만이 2030 청년들이 새로운 미래를 열 수 있는 활로이다.

홀륭한 정치가의 자질에는 여러 가지가 있지만, 현실 인식능력은 핵심적인 능력 중 하나다. 즉 현안이 무엇이고 현안의 본질은 무엇이며, 역사적으로 어떻게 흘러왔는지 총체적이고 분석적으로 이해하는 것은 당면한 과제 해결의 출발이다.

분석적이면서 총체적

이런 점에서 아래의 최배근 건국대 경제학교수와 이재명 간의 대담은 이재명의 현실 이해능력을 고스란히 보여준다.

이 대담에서 이재명은 부동산, 정부조직법, 관

료와 행정, 노동양식, 기술진보, 산업구조, 수요와 공급, 국제환경, 남북협력, 가치 있는 삶, 청년들의 방향, 금융정책, 인사의 기준, 참모진의 구성과 책임, 대기업과 중소기업, 한국 사회구조변화의 방향 등등을 다양하게 다룬다. 그는 현실을 이해하는데 구조적이고 분석적이며 상호연관성을 잘 파악하고 있다.

선차적인 것과 부수적인 것, 큰 것과 작은 것, 현상적인 것과 본질적인 것 등을 구분하여 파악하고 있을 뿐만 아니라 범주와 개념으로 잘 짜여진 구조물로서의 현실을 잘 이해하고 있다. 더불어 정책의 능동성 즉 정치지도자의 역할이 어디에 집중되어야 하며 정책수행에서 무엇이 장애요인일지에 대해서도 명료한 인식을 갖고 있다.

과제 중심형이되 가치지향형

유시민 작가에 따르면 이재명은 김대중과 노무현의 가치 중심, 비전 중심이 아니라 과제 중심형, 과제 돌파형의 특징을 가지고 있다고 분석한다. 연역적이 아니라 귀납적이라고 평한다. 이러한 스타일은 놀라운 과단성과 신속성을 탑재하여 현실에서 발생하는 과제를 즉각적으로 수행하는 기동성으로 나타난다는 것이다. 실제로 경기도정이나 성남시정에서 보여준 그의 행정은 이런 것이었다.

그렇다고 가치와 비전이 빠져있어 기능 실무에 머물러 있지도 않다. 가치와 비전이 없는 실무 및 과제 중심은 지속성을 담보할 수 없다. 이 후보의 부단한 업무추진력에는 민생, 민권, 민본이라는 강력한 내적 가치가 내장되어 있는지도 모른다.

경기도에서는 공공배달앱 배달특급으로 소상인과 소비자의 상생플랫폼이 성가를 올리고 있다. '배달특급'은 지역화폐와 연계된 할인을 기본으로 폭넓은 소비자 혜택과 동시에 양평군 특산물을 통한 100원 딜 등 전방위 노력으로 소상공인의 든든한 지원군이 되기 시작했다.

소상인 소비자 상생플랫폼

"특히 올해부터 배달특급은 소비자 할인 등 각 자치단체 특성에 맞는 지역별 밀착사업을 진행 중인데, 양평군의 경우 전통시장 내 소상공인과 긴밀한 연계를 통해 공공배달앱 역할을 충실히 수행하고 있다. 그 결과, 배달특급 운영사인 경기도주식회사의 자체 표본조사에 따르면 현재 배달특급은 양평군에서 민간 배달앱을 제치고 시장에서 두 번째로 높은 약 30% 점유율을 보이고 있는 것으로 나타났다."[8)

　　광역-기초자치단체가 시장에서 소상인과 소비자를 어떻게 지원하는지를 극명하게 보여주고 있다. 경기도가 기초자치단체와 공공배달앱 업무협약을 맺고 1년만에 거둔 성과다.

　　이재명의 괄목할 만한 업적이다. 그는 언제나 민생에 기반하여 구체적인 대안을 제시한다. 그리고 집행은 신속하다. 아이디어 공모부터 집행까지 우왕좌왕, 좌고우면함이 없다. 추진방식 또한 협업이다. 자기 혼자 제안하고 그 정치적, 실질적 성과를 독식하지 않는다. 그의 정책에는 구호성 과시가 없다. 언제나 실질적이다. 그렇기에 구체적인 성과로 이어진다.

---

8) 출처 : 파이낸셜 뉴스

집단지성에 의거한 협업

　　이러한 정책수립 과 집행 방식이 국가운영차원으로 발전하면 한국사회는 진정으로 새로운 사회로 진화할 것으로 보인다. 이재명은 언제나 집단지성을 신뢰한다. 함께 할 우군들의 실력을 신뢰하고 그들과 협력한다. 광역자치단체장으로서 기초자치단체를 신뢰한다. 그는 정책을 집행하면서 반드시 확인한다. 이러한 지도력은 광범위한 파급효과를 일으키며 소상인과 소비자들의 생활을 실질적으로 향상시킨다. 이것이 이재명식 실용주의다. 민본, 민생, 민주에 근거한 실용주의!

20대 대통령 선거운동이 시작된 지 대략 반 년
이 지났다. 이재명 후보는 현재 여당 내 지지율 1위,
대통령 적합도 1위를 달리고 있다. 이재명 후보가 어
떤 원칙에서 시정과 도정을 수행했는지 살핌으로써
그가 대통령이 된다면 어떤 국정이 펼쳐질 지를 전망
할 수 있다. 국정 원칙은 세계정세관으로 이어져 통일
외교정책에 기초 원리로 작용한다.

이 시점에서 이재명 실용주의의 의미를 깊게
하고 다듬으며 확장하는 작업은 유의미할 것으로 보
인다. 이재명 후보는 스스로를 실용주의자라고 주장
한다. 여기에 '민본, 민생, 민주에 기반한'이라는 수식

어를 붙인다면 이재명 실용주의가 본래의 의미를 더욱 살릴 수 있을 것으로 생각된다.

민본(民本)을 근거로!

이재명은 '대통령은 국민의 일꾼이다'를 주장함으로써 대의제민주주의에서의 대통령의 역할을 명확히 한다. 그는 금본(金本)도, 국본(國本)도, 관본(官本)도 아니고 민본(民本)임을 분명히 한다. 국가를 팔아 국민을 억누르는 것은 있을 수 없다. 겉으로는 민을 말하지만 실제로는 돈(金)에 기울어지는 정책도 반대한다. 또 대의제이지만 관료의 이익대로 짜여지는 관료공화국도 그에게는 극복의 대상이 된다.

그에게 있어서 민은 '억강부약'에서 약한 민(民)만 대상으로 하는 것은 아니다. 즉 생리대가 필요한 여학생과 장시간 노동에 시달리는 배달 노동자 등 약한 민과 더불어 중소기업을 운영하고 행정을 다루는 관료조차도 하나의 민이다. 민본에서의 민은 배타, 배제의 의미가 아니고 준칙과 공존의 가치이다.

민본은 멀리 홍익인간과 인내천, 촛불 혁명 등 한반도의 전통에 굳게 뿌리 박혀 있다. 이런 점에서

검권[9]도 모피아[10]도 모두 민본에 봉사해야 하는 정부 기구일 뿐이다.

민생(民生)을 중심으로!

이재명의 시정과 도정은 민생 향상에 집중되어 있다. 시정과 도정의 모든 테마는 현장 속에 애환이 녹아있는 민의 생활이었다. 공공배달앱 설립, 유원지 정화작업, 중소기업 기술 탈취 배제정책, 20% 이상 이자율 사채 금지책 등 모두 민의 구체적인 생활상의 애환을 개선하고자 하는 대안들이다. 민생은 정치인들이 위기 때 마다, 국면 전환이 필요할 때마다 들먹이는 구호이다. 민생의 이름으로 민을 때려잡고 속이고 겁박하기도 했다. 민생의 복원, 진정한 민생이 이재명 실용주의를 기반으로 한다.

이재명에게 있어서 민생대책안의 집약체는 기본소득 기본금융과 기본주택 시리즈다. 이런 대안들은 이 땅에서 살아가는 생생한 민생을 기반으로 만들

---

9) 檢權, 검찰권력
10) Mofia, 재정경제부 출신인사들을 지칭하는 말

평범한 걍아 싸는
어째다 재명 씨에게
관심이 생겼을까

어졌다. 외국의 사례는 참고용일 뿐이다. 많은 정치인들은 외국의 사례를 들먹이며 부당성을 주장한다. 개발도상국 시기, 즉 추격의 시대에 선진국의 사례를 쳐다 보며 베끼기에 익숙한 구태에 젖어 있는 것이다.

선진국 현상이 나타나는 추월의 시대에서 민생을 위한 주체적 관점이 수립될 때가 되었다. 탄소제로, 기후 위기에 적극 대응해 국제적인 모범을 세워야 하는 추월의 시대이다. IT 선진국의 인공지능 디지털경제가 일상화된 시기의 민생문제를 적극 대응해야 하는 시기인 것이다. 코로나 팬데믹의 모순이 취약층 민들에게부터 생활고가 서서히 가중되는 팬데믹3 국면을 넘어가야 하는 시기인 것이다.

민주(民主)를 풍부하게 한다!

촛불 혁명은 민본과 민주를 광화문 광장에서 태워 올린 용광로였다. 이 에너지를 정치행정으로 수렴시킬 때가 되었다. 문재인 정부 시기 사법개혁을 둘러싼 온갖 소란은 민본과 민주를 정치 행정에 도입하려는 세력과 이에 저항하는 기득권과의 투쟁의 결과였다.

이 과정에서 잠복해 있는 모든 기득권은 자신의 '본모습'을 백일하에 드러내게 되었다. 커밍아웃(coming out)이다. 민의 눈에 뭔가가 있으며 점잖다고 생각했던 판사 검사 의사 교수 기자들이 '진짜 모습'을 드러내고 있는 것이다. 공적 담론으로 포장된 사적 이익들이다. 이재명은 민본과 민주를 정치 행정에 수렴시키고자 하는 선봉장이다.

그는 언제나 현장을 뛴다. 그에게 현장은 병원과 시장과 공장만이 아니다. 집단지성이 움직이는 광장이다. 손가락 혁명군이 움직이는 온갖 광장을 누비며 민의 목소리를 청취하고 의견을 제시한다. 정반합이고 광범위한 사전 토론과 검증이다. 이재명은 수많은 사안을 페이스북에 자신의 언어로 게시한다. 무슨 생각을 하는지 알 수 없는 수많은 대선 후보와는 확연히 다른 모습니다.

이 작업은 매우 수고스럽다. 스스로를 정면으로 들여다보아야 한다. 집단지성이 합리적으로 반응해야 한다. 이제 한국사회는 집단지성이 공약을 만들고 지도자는 데이터에 입각한 실사구시로 정책을 세우고 이를 집행하는 시대가 되었다.

실용주의(實用主義)!

말싸움과 말장난을 넘어서 실재의 현실을 바탕으로 민생을 향상시키자는 주장일 것이다. 현장과 데이터에 익숙해야 한다. 이것이 가능하려면 지도자는 문제의식이 늘 실재에 있어야 하며 부지런해야 한다. 공리, 공담에 여유를 부릴 시간이 없다. 전후 좌우 상하로 얽혀있는 사안이 피부로 와 닿아야 하고 데이터로 밑받침되어야 한다.

거기에 그 사안과 연관되어 있는 이해당사자들의 입장을 확인해야 한다. 심사숙고(深思熟考)후에 실사구시(實事求是)로 정책이 수립되면 일사천리로 일을 집행해야 한다. 그 과정에서의 잡음은 불가피하다. 이를 판가름하는 기준은 민본, 민생, 민주다.

하나의 정책이 뿌리를 내리려면 시간이 흘러야 한다. 시작은 거창하나 끝은 초라하다면 안 한 것만 못하다. 시작은 미미하나 끝은 창대한 것이 좋다. 그렇기에 시종일관(始終一貫)해야 한다. 이런 의미에서도 이재명은 작게 일을 시작하되 끊임없이 확인한다.

이재명이 경기도에 비해 일의 규모가 50배 이상 큰 정부를 어떻게 끌어갈지 관심거리다. 민본, 민

이평중성

생, 민주에 기반한 실용주의가 대외 업무로 발전하면 패권시대에서 주권 시대로 이어지며 공존과 공영으로 발전한다. 즉 주권 존중에 입각한 상호 호혜 공존공영이다. 이를 통해 생명과 평화로 나아간다.

이재명 실용주의는 국내 사안을 해결하는 기술적인 방법론에 국한되지 않는다. 아마도 21세기 새로운 유형의 거버넌스[11] 유형으로 등장할 수 있다. 물론 실천이 전제될 때만이다.

---

11) Governance, 공동의 목표를 달성하기 위하여, 주어진 자원 제약하에서 모든 이해 당사자들이 책임감을 가지고 투명하게 의사 결정을 수행할 수 있게 하는 제반 장치 (출처 : 네이버 국어사전)

평범한 청아 씨는 어째다 재명 씨에게 관심이 생겼을까

33.
어느 기업인이 본 이재명의 기업관

"나는 친노동이긴 하지만 그렇다고 반기업은 아니다." 이재명 후보의 기업관이다. 이재명 후보는 최근 반도체 자동차 소부장 기업 등 한국의 첨단 생산 기업현장을 순회하며 '기업의 창의성과 역량 발휘'에 훌륭한 환경을 조성하겠다고 포부를 밝힌다.

최근 어느 기업인과 점심을 하게 되었다. 그는 삼성물산에 입사해 80년대 미국에서 6년 간 근무했고 중동에서 6년 간 근무했다. 이후에는 범삼성가의 한 계열사에서 최고 지위에 올라 경영활동을 하는 원로다. 이 분은 미국, 일본, 독일 등 선진국은 물론 중동의 산업 현황에 대해서도 환하다. 또 한국의 소부장 산업

의 현황에 대해서도 실정을 잘 알고 있다. 정치적으로
는 전통적으로 주류의 입장에 서 있다.

삼성가 기업인의 이재명 들여다보기

나와는 오랜 인연으로 정치 노선은 다르지만,
서로의 견해를 솔직히 말할 수 있는 관계다. 가벼운
점심식사 자리였지만 대선 국면인 만큼 여야후보에
대해 한 마디를 하지 않을 수 없었다.

우선 윤석열에 대한 그 분의 평은 나와 대동소
이했다. 현재 추세라면 이재명이 대통령인데 어떤 사
람인지 물어왔다. 나는 대표께서 먼저 이재명 후보에
대해 어떤 느낌을 가지고 있는지 물었다.

의외로 이재명 후보의 도정과 시정에 대해 잘
알고 있었다. 그러면서 자신의 지인 이야기를 소개했
다. 자신의 삼성 동료 중 계열사 최고위직을 지내다가
성남에서 살고 있다는 분의 이야기였다. 이분이 어쩌
다가 주민회의대표가 되어 민원을 이 시장에게 말할
기회가 있었다고 했다. 이 분은 이 시장이 면담에 응
할지가 걱정했는데 의외로 이 시장이 면담에 곧바로
응해 놀라웠다고 했다. 이 분은 삼성에서도 깐깐하기

로 유명한 분이었는데 내심 이 시장을 만나면 조목조목 따지려 준비했다는 것이다.

면담이 시작되었다. 이 분이 주민회의 요구사항을 이야기하자 이재명 시장이 곧바로 그 현안을 이해하고 가능한 것과 불가능한 것을 현행법에 비추어 해결방안을 제시했다. 이 삼성 원로는 상당히 놀랐다고 내게 말했다.

"기대되는 대통령 후보"

이 분은 그 후 이재명 후보의 활동을 눈여겨 보게 되었는데 상당한 안목과 실무역량을 갖춘 후보라는 느낌을 가졌다고 말했다. 나는 이재명 후보가 한국 산업경제를 한 단계 더 높은 차원으로 발전시킬 수 있는 인물일 것으로 본다고 말했다.

이 분은 "이재명 후보가 원칙을 잘 지킨다면 박정희 대통령과 버금가는 커다란 업적을 낼 수도 있겠다"고 말하며 "베네수엘라의 차베스같은 인물이 될 지도 모른다"는 걱정을 했다.

나는 집단지성이 작동하고 높은 수준의 유권자가 존재하는 한국사회에서 그런 걱정은 안 하셔도 좋겠다는 말로 즐거운 점심을 마쳤다.

34.
현재의 이재명은 과거의 이재명이 아니다

나는 지난 2021년 8월 31일 이재명 후보가 MBC라디오 〈천기누설〉의 김종배 시사평론가와 나눈 대담을 시청했다. 각종 사안에 대한 이 후보의 견해는 잘 설계된 건축물과 같다는 느낌이 들었다.

가령 기본소득에 관하여 이 후보는 정책적인 관점은 물론이고 정치적, 정서적 의미를 모두 담아 설명했다. 또 이 정책이 불러올 국민들 사이의 찬반논쟁과 정책적 효능감에 대해서도 염두에 두고 있었다. 반대논리에 대해서도 충분히 이해하고 있었고 대응논리도 충분히 준비하고 있었다. 그렇다고 적대적이지도 않았다.

고도의 균형감각

당내 경선이 가져올 부정적인 결과와 이를 수습하는 원칙, 그리고 1위 당선자가 될 경우 경쟁자였던 타 후보들에게 가져야 할 의무에 대해서도 이야기했다. 정치적, 정책적으로는 넓고 분명해졌으며 고도의 균형감을 주었다. 인간으로서도 성숙한 느낌을 주었다. 현재의 이재명은 과거의 이재명이 아니었다.

천정배 의원이 노무현 대통령에 대해 했던 평이 생각난다. 천정배 의원은 같은 시기 의원 생활을 시작했다. 그는 노무현이 성장하는 모습은 자신과는 달리 일취월장을 하는 놀라운 것이었다고 말한 바 있다. 그래서였을까? 천정배는 이인제 대세론이 지배적이던 시절 노무현이 조직도, 계보도 없이 '나홀로' 경선에 뛰어들 때 처음으로 노무현 지지선언을 하게 된다.

50대에도 성장할 수 있는 사람

얼마 전 유시민 작가는 한 유튜브 방송에서 이재명의 모습을 평가하면서 "50대에도 저렇게 성장할 수 있다는 것이 놀랍다."고 말했다. 대개 50대가 되면 남자건 여자건 머리도 가슴도 굳어져 더는 성장하지 않는데 말이다.

　나는 대선국면을 관찰하는 아주 중요한 통로로 이재명을 바라본다. 이재명이 정치가로서, 인간으로서 성숙해가는 과정을 보면 한 편의 근사한 드라마와 같다. 이재명이 대통령이 되면 어떤 일이 일어날까? 그는 정치가로서 인간으로서 어떻게 진화해갈까?

　이재명은 정치인이기에 앞서 그 스스로가 자유롭고 자주적인 인간이기를 위해 노력한다. 자신을 지지하는 사람들에게도 정치가를 숭배하거나 열광하면 곤란하다고 역설한다. 지지자들에게도 어깨 걸고 함께 나가는 각성된 시민이길 기대하고 있다. 역시 기대할 만하다.

더불어 민주당 20대 대통령후보 대전, 충남 / 세종, 충북지역에서 이재명 후보가 54.72%를 얻어 압승했다. 이재명 후보는 물론 이낙연, 정세균, 추미애, 김두관, 박용진 후보 모두 크게 수고했다. 치열한 경쟁이었지만 결국은 원팀으로 움직여야 할 동지들이다. 경쟁하되 서로 존중할 일이다.

이재명 지지 세력은 당내경선 충남, 충북과 대전, 세종 지역에 압승했지만 갈 길이 멀다. 건너고 넘어야 할 강과 산이 첩첩이다. 압도적 당선으로 경선의 후과를 최소화하고 원팀을 만들어 국민들의 마음을 광범위하게 사야 한다.

경쟁했지만 같은 길을 가는 동지들과 함께

야당 후보를 제압하고 끝내는 야당 후보 지지자들과 정치적 무관심층까지 20대정부로 단결시켜야 한다. 이재명의 민본, 민생, 민주 실용주의개혁을 통해 대한민국의 안정적 발전과 한반도 평화통일 기반 구축을 이뤄가야 한다.

150년전 수운 최제우 선생이 장도(長道)에 나서는 동학의 도반들에게 '깊고 멀리 내다볼 것'을 권고하는 시문을 썼다. 멀고 긴 장도에 나서는 이재명 세력의 진군 벽두에 수운 선생의 시문을 음미해보는 것도 의미가 있을 듯 하다.

시문 — 수운 최제우

겨우 한 가닥 길을 얻어 걸음 걸음 험한 길 걸어가노라
산 밖에 다시 산이 보이고 물 밖에 또 물을 만나도다.
다행히 물 밖에 물을 건너고 간신히 산 밖에 산을 넘어왔노라.
바야흐로 들 넓은 곳에 이르니 비로서 대도가 있음을 깨달았노라.
안타까이 봄 소식을 기다려도 봄빛은 마침내 오지를 않도다.
봄빛을 좋아하지 않음이 아니나 오지 아니하면 때가 아닌 탓이다.
비로소 올만한 절기에 이르면 기다리지 않아도 자연히 온다.

평범한 경아 씨는 어째다 재명 씨에게 관심이 생겼을까

봄 바람이 불어 간밤에 일만 나무 일시에 알아차린다.

하루에 한 송이 피고 이틀에 두 송이 핀다.

삼백예순 날이 되면 삼백 예순 송이가 핀다.

한 몸이 다 바로 꽃이면 온 집안이 모두 바로 봄이다.

병 속에 신선술이 있으니 백만 사람을 살릴만하도다.

詩 文 (시문)

纔得一條路 步步涉險難

山外更見山 水外又逢水

幸渡水外水 僅越山外山

且到野廣處 始覺有大道

苦待春消息 春光終不來

非無春光好 不來卽非時

玆到當來節 不待自然來

春風吹去夜 萬木一時知

一日一花開 二日二花開

三百六十日 三百六十開

一身皆是花 一家都是春

瓶中有仙酒 可活百萬人

水雲 崔濟愚

36.
대통령은 운명이다

한 사람이 대통령직을 수행한다는 것은 운명이다. 당장 문재인 대통령이 그렇다. 선거 전 대통령직을 사양해왔던 그는 만인의 부름에 따라 대통령이 되었다. 현재 많은 촛불 시민이 그에게 불만을 가지고 있고 반대 진영에서도 싫어하는 데도 불구하고 여전히 40%대의 높은 지지율을 유지하고 있다. 정권 말기 이렇게 높은 지지율을 유지하는 것도 역대 대통령 중 처음이다. 현 시점에서 문대통령보다 높은 지지율을 유지하고 있는 정치인은 없다. 복장[12]말고 달리 표현

---

12) 福將, 복이 있는 장수

평범한 경우 쓰는
어째다 재명 씨에게
관심이 생겼을까

할 길이 없다.

문재인 대통령은 복 있는 장수다

정치 9단인 원로 정치인 이해찬이 한 좌담회에서 대통령직에 대해 묘하게 설명한 적이 있다. "대통령직을 수행하는 것은 운명적인 요소가 있다. 뭐라고 설명하기 힘든 건데 스스로가 하고 싶다고 해서 하는 것도 아니고 하기 싫다고 거절할 수 있는 것이 아니다."라고. 이재명 후보가 대선에서 승리하여 대통령직을 수행하게 될 것도 운명인 듯하다. 수많은 한국민이, 한국경제가, 동북아정세가, 한국 역사가 실용주의 개혁가를 기다리고 있는지 모른다.

천지가 대변혁을 맞이하려면 당분간 세상은 흙탕물로 변하지 않을 수 없다. 껍데기와 쭉정이는 떠오르고 곳곳에 숨어 있던 빨대들도 제 모습을 드러내지 않을 수 없다. 기득권 세력의 민낯이 속속 드러나고 있다. 곳간 열쇠를 틀어쥐고 선출직 대표들의 정치적 결정을 어떻게든 어깃장을 놓아 재정권(財政權)을 유지해보려는 자도 그렇다. 지난 날에는 눈에 보이지 않던 고위 재정부 관료들의 행태와 그들의 커넥션도 대명

천지에 드러나고 있다.

천하가 요구하고 있다

역사의 운명적 행로는 우연을 통해 나아간다. 껍데기와 쭉정이, 빨대가 걸러지는 가운데 새 시대를 열망하는 집단지성은 자신의 발걸음을 더욱 정돈한다. 겉모양은 선진국 현상이나 수 많은 해결 과제를 안고 있는 한국 사회는 새로운 기준을 요구하고 있다. 이를 수행할 수 있는 새로운 유형의 리더를 요구하고 있다. 새로운 유형의 리더는 한국 역사의 필연이고 운명이다. 가슴 깊이 애민 정신이 있으며, 일머리에 능숙하고, 소통 능력이 있으며 스스로는 열광과 숭배를 바라지 않는 깨어있는 리더이다.

고난을 겪은 군대만이 최후의 승리를 쟁취할 수 있다. 현시기에 실용주의 집단지성은 최후의 승리를 쟁취할 수 있는 자격과 능력이 있다. 천하가 그들의 어깨 위에 있다.

작년 한가위 명절이 끝나고 더불어 민주당 호남지역 경선이 치뤄졌다. 여당 대선후보경선의 분수령이었다. 이낙연 당시 후보는 국회의원직을 사직하면서까지 호남인들의 지지를 호소했다. 전통적인 구민주계 DJ라인을 장악하며 호남 민심을 모으고 있다는 소문도 들렸다. 이낙연의 입장이라면 절체절명의 시기였다.

한편 순천, 김제, 부안, 광주, 심지어 영광과 함평에 이르기까지 지역 정치인 및 시민단체, 체육인과 예술인 등 다양한 직군의 호남인들이 모였다. 1천명, 2천명 단위로 집단적인 이재명 후보 지지를 선언했

다. 광범위한 호남지역 시민들의 대규모 지지선언이
이어졌다.

빛 고을 광주는 한국민주주의의 찬연한 빛

빛 고을 광주는 지난 시기 한국민주주의에 찬
란한 빛을 던져왔다. 광주항쟁시기 광주의 민중이 보
여주었던 반군사독재민주화운동은 한국 사회발전의
마중물이었고, 영적 원천이었다. 그들이 일시적으로
나마 장악했던 광주에서 보여주었던 높은 도덕성과
윤리 의식은 20세기 후반을 마무리하고 21세기를 열
어내는 새로운 신호였다.

당시의 광주는 자연스레 세워진 지도부를 중심
으로 그 어떠한 탈취도, 폭행도, 강탈도 없는 질서 있
는 공동체였다. 워싱턴이나 뉴욕, 파리 등에서 보여지
는 폭력과 무질서와는 아주 다른 모습이었다. 광주의
경험은 2016년 박근혜 대통령 탄핵 촛불 행진의 높은
도덕성과 질서의식으로 이어졌다.

1980년의 광주 정신은 현시기 여당내 대선후보
경선에서도 이어졌다. 이낙연 당시 후보는 광주의 아
들이기는 하나 광주 정신의 체현자라고 보기에는 무

리였다. 그 시기에 이재명은 단기필마로 수 없이 많은 행정적 업적을 이룩했다. 오직 평범한 시민들의 지지만을 기대하면서. 이명박과 박근혜 정부 시기의 이재명은 전방위적인 압박을 받으며 공공개발의 모범인 대장동개발을 이룩했고 청년 배당 등 작고 큰 주민 생활 향상을 이뤄냈다.

경기도지사 시절에는 코로나19 초기 선제방역사업(신천지교회 압수 및 봉쇄), 유원지정화사업, 중소기업 기술보호사업, 공공앱개발, 역내 유통구조개선사업 등 수많은 주민 생활 향상 프로젝트를 수행했다. 기본소득, 기본금융, 기본주택 정책을 제시하며 인간다운 삶을 향한 초보적 전체 전망을 제시했다.

사실 도지사 시절 초기만 해도 여의도 국회의원 그 누구 하나 이재명을 지지하는 자가 없었다. 오로지 이재명과 집단지성이 일궈낸 쾌거였다. 진정 스스로 돕는 자에게 하늘이 도운 셈이다.

한국민주주의에 영감을 던지는 곳

이 시점에서 두 후보를 종합적으로 비교해 본다면 광주항쟁의 열망을 전국 범위의 정치·행정적 진보로 구현할 후보는 단연 이재명으로 보인다. 광주 정신은 현재진행형이다. 아직 끝나지 않았다. 한국 현대사에서 호남인들이 보여준 영적, 정치적 통찰은 언제나 한국민과 한국민주주의에 깊은 영감을 주었다.

호남인들은 늘 지역 연고의 친소관계에 머무르지 않는 보편적인 시야로 행동했다. 이것이 민본, 민생, 민주적 전진을 갈망하는 한국민들이 또 다시 호남인들에게 기대하는 이유이다. 광주는 빛고을이며 호남은 한국민주주의의 자궁이다.

38.
국토는 모든 국민의 터전이다

개발이익환수제!

성의 남쪽 성남시의 대장동(大庄洞)에서 잠자고 있었던 복마전(伏魔殿)을 흔들자 온갖 마귀가 튀어나와 대선정국을 온통 휘저었다. 원래 대장동개발사업은 모리배[13]들의 계산대로라면 대장동의 주인인 성남 시민들에게 이익의 일부를 기부하고, 함께 모여(同人) 크게 해먹는 것(大有)으로 끝날 터였다. 그리고 조용하고 겸손하게 칩거하고 있었다면 아무 탈없이 넘어갔을 것이었다.

---

13) 謀利輩, 이익을 도모하는 무리들

소리(小利)는 재앙을

헌데 공교롭게도 대장동의 주인들(성남 시민들)의 잠자는 영혼을 건드리면서 뢰천대장괘(대장동의 '大庄'과 뢰천대장의 '大壯'이 유사하다)의 벼락불이 등장하게 되었다. 이것의 정치적인 의미는 이재명과 집단지성이 복마전의 악취를 쓸어버리고 토건족들의 이익편취 구조를 쓸어버린다는 의미이다.

원래 주역괘는 12의 천지비(天地否), 13의 천화동인(天火同人), 14의 화천대유(火天大有), 15의 지산겸(地山謙) 순으로 나아간다. 무릇 뜻있는 군자가 비루하더라도(否) 사람들이 모이면(同人) 크게 생긴다(大有)고 하였다. 주역은 그 전제로 백성들을 널리 이롭게 할 것을 권하고 있다. 또 대유(大有)하게 되면 겸손할 것을 권하였다. 모리배들은 이러한 주역괘의 가르침을 전제하지도 않았고 그다지 겸손하지도 않았을 것이다.

겸손할 때 크게 얻을 수 있다

결국 모리배들은 동인(同人, 즉 동지)을 이루지 못하고 크게 수익을 내게 되자 내분이 생기고 모리배들 중 배반자가 나와 온갖 비리가 튀어나오게 된 것이다.

평범한 경우 쎄는 어째다 재명 씨에게 관심이 생겼을까

화천대유 다음에 오는 지산겸괘의 교훈을 새기지 못한 것이다. 오히려 복마전에 이재명의 이름을 연결시킴으로써 정치적 이익을 도모하는 꼼수를 두자 뢰천대장(雷天大壯)괘의 공명정대의 신(神)이 작동하기 시작한 것이다.

대장동의 주인인 성남 시민과 연결된 괘는 뢰천대장괘라 할 수 있다. 주역의 34번째 괘인 뢰천대장괘는 그 앞에 천산둔(天山遯), 그 뒤에 화지진(火地晉)괘으로 연결된다. 즉 운둔해 있던(遯) 운명의 신이 거침없고 용기 있는 장수로 등장해(大壯) 떠오르는 태양처럼 진군한다(晉)는 형세이다.

개발이익환수제!

진군의 선두에는 이재명 후보가 있다. 하늘의 뜻이 대장동 사건을 통해 이재명에게 더욱 기울고 있다. 함평군 시장 할머니의 "살다 보면 욕도 할 수 있는 거여."라는 격려가 이를 극명하게 보여주고 있다. 대장동 사건을 거치며 이재명 후보는 지지율이 30%대를 넘어서기 시작했다. 대장동사건을 기회로! 이재명 후보는 제주연설에서 대통령 권한을 100% 가동해 개발

이익환수제를 추진하겠다고 천명했다. 추미애 전 후보의 부동산 공영제로까지 나아간다면 금상첨화이다.

2021년 10월 10일 더불어 민주당 내부 경선이 끝났다. 당연한 귀결이다. 이재명 후보는 성남시장과 경기도지사로서 오랜 치적이 있다. 집단지성을 존중하고 미래 비전이 있으며, 국민과의 소통을 한시도 멈추지 않는 이재명 후보가 과반수 이상 득표로 당선되는 것은 너무도 당연하다.

어항 속의 이재명

대장동 개발 사건이 부각되어 대장동의 내막이 폭로될수록 이 후보의 깨끗함은 더욱 분명해졌다. 대장동 개발 폭리의 주인공이 이재명 후보라고 덧씌우려했던 국힘당과 수구언론은 역설적으로 미궁 속으로 빨려 들어 갔다. 대장동 개발의 이익을 부각할수록 이재명의 정책은 더욱 빛나기 시작했고, 시행사에 빨대를 꽂아 단물을 빼먹었던 국힘당 관계자들의 추악한 진면모가 백일하에 드러나기 시작했다. 전 국힘당 국회의원 곽상도는 물론 화천대유의 대표 김만배의 누나가 국힘당의 대선 후보 윤석열의 아버지가 소유한 집을 구입했다는 기상천외한 사건도 드러났다.

대장동 개발이 빅 이슈로 등장한 것은 오히려 잘 된 일이다. 성남시부터 경기도까지 어항 속의 금붕어처럼 투명하지 않으면 죽을 수 밖에 없었던 이재명의 투명성이 경선과정에서 더욱 드러나게 되었다. 투명하지 않으면 이명박으로부터, 박근혜로부터, 국힘당으로부터, 민주당내 경쟁자들로부터 죽을 수 밖에 없는 처지. 아마 그것도 이재명의 운명인지 모른다.

겸손과 긴장을 주문한다

하늘이 더욱 큰 소임을 부여하고자 시련 속에 이재명을 단련시키는 것인지도 모른다. 초등학교 소년공 시절, 선생이 되고 싶었고 반장이 되고 싶었던 이재명이 도지사까지 되었으니 자리에 대한 소망은 다 이루었는지도 모른다. 민본, 민권, 민주의 입장에 서서 민생을 챙겨 민리(民利)와 민복(民福)을 가져오려는 이재명의 높은 이상에 국민들은 환호하고 있다.

다만 하늘은 이재명과 그 지지자들에게 늘 겸손하고 긴장을 늦추지 말 것을 주문했다. 순회 경선 누적결과에서 전체 선거인단 수 2,169,511명 중에서 719,905명이 이재명 후보를 찍어 누적 득표율 50.29%를 주었다.

우리는 새로운 유형의 정치가의 탄생을 보고 있다. 20대 대통령 선거일인 올해 3월 9일까지 시간이 남아 있다. 민주당원과 지지율 30%에 육박하는 콘크리트 지지층은 선두에 선 이재명과 함께 새로운 시대를 열 것이다. 지지자 한 사람이 한 사람씩 설득한다면 지지율 60%가 된다.

이재명 후보가 당분간 지사직을 유지하며 국정감사를 받겠다고 발표했다. 여당지도부의 간곡한 지사직 사퇴 요구에도 이재명 후보는 국민적 이슈로 등장한 대장동개발문제에 정면으로 대응하겠다고 선언했다. 이재명다운 결정이다.

결론부터 말한다면 민주당은 70% 승, 국힘당은 30% 승이다. 민주당의 70% 승리는 사실과 진실에서 포괄적 전략의 승이다. 반면 30% 국힘당의 승리는 부분적, 지엽적 흠집내기에서의 승이다. 어떤 승리자도 전혀 상처가 없을 수는 없다. 그것이 모든 정치공방의 법칙이다. 그러나 2021년 10월 하순의 경기도 국정감사 대회전으로 국힘당의 대장동개발 이재명 덮어씌우기의 효용은 끝나게 된다.

대장동 덮어씌우기의 효용은 끝났다

정치평론가들 사이에 국힘당 대선캠프가 대장동사건을 대선 투표일 직전까지 물고 늘어질 것이라는 예상이 지배적이다. 이에 대응하여 이재명 후보는 대장동 개발사업의 진면모를 국민들에게 소상히 밝힘으로써 국힘당의 예봉을 무력화시키고 국힘당의 덮어씌우기 공세를 사실과 진실로 되받아 침으로써 자신의 진면목을 드러낼 수 있는 절호의 기회이기도 하다.

경기도 국정감사에 국힘당의 1급공격수들이 총 출동했다. 공격과 수비의 귀재 이재명은 물론 더불어 민주당 호화 군단이 이에 대응했다. 동시에 모든 미디어들은 국정감사장의 치열한 논쟁을 총력보도했고 일약 경기도 국감장으로 온 국민의 눈과 귀가 집중되었다. 이 기회를 통해 공영개발과 민영개발 메커니즘에 어두운 국민들도 그 실상을 생생히 이해하게 됨으로써 사실과 진실을 접하게 되었다. 국민들을 진실로 안내하는 것. 이것이야말로 이재명 캠프의 최고전략이다.

진실을 드러내는 대홍보장

더불어 민주당은 본격적인 20대 대선준비위원회가 구성되면서 구도 정책 홍보 조직이 전국단위로 체계화했다. 고공에서 벌어지는 국감장의 대회전은 준비위라는 지도부로 수렴되었고, 전국단위의 조직망이 체계화됨으로써 두뇌와 가슴 팔다리가 완성되었다. 대략 국힘당보다 1개월 먼저 체계화된 셈이다. 새 정부를 열망하는 모두가 한 사람이 한 사람을 설득하고 대화함으로써 발로 뛰는 운동원이 되는 것. 이것이 승리의 토대이다.

경기도 국정감사에서 진행된 대장동 개발에 대한 이재명 지사의 설명은 사실과 진실에 기초한 압축적이며 포괄적인 답변이자 해설이었다. 8명의 국힘당 일급 공격수들이 던지는 질의는 이재명덮어씌우기의 연장이었으나 이빨 빠진 도끼질에 그쳤다. 궤변과 호도에 대한 사실과 진실의 승리이자 이를 책임있게 수행한 이재명 행정의 승리였다. 이 과정에서 진행된 모든 언론매체의 생중계로 전국민은 대장동개발의 진실과 정치인 이재명의 진면모를 접하게 되었다. 제2차 경기도 국정감사를 통해 이재명의 행정능력 사태파악 능력 인간적 풍모는 더욱 가감없이 노출되었다.

이재명 응징백서

대장동개발의 진면모가 드러나다

이로써 선거 직전까지 계속될 국힘당의 <대장동개발이익 이재명으로의 덮어씌우기>는 그 효용을 잃게 되며 역으로 대장동개발의 전모는 국힘당에게 짐으로 되돌아갔다. 이번 국정감사를 통해 지식인들의 어설픈 양비론, 아는 척하면서 이재명의 실적과 비전을 폄하하는 지식인들의 궤변도 철 지난 모기 입처럼 힘을 잃게 되었고 이는 대통령 선거운동이 시대적 과제, 국가적 비전, 민족적 희망을 정책적으로 논의하는 장으로 이행됨을 의미했다. 이재명의 고도로 훈련되고 정비된 사태파악능력과 일처리 능력이 일부나마 공개됨으로써 차기 이재명 정부로의 정권교체가 가지고 있는 미래지향적 의미가 천명되고 있는 셈이다.

진정으로 준비된 자만이 시대적 과제를 해결할 수 있다. 이재명 정부로의 정권 이행은 지난 정부의 계승이기도 하지만, 새로운 시대정신을 장착한 혁신적 교체라는 의미가 강하다. 특히 반문재인정서를 낳았던 부동산 정책에 대한 이재명 정부의 새로운 대안은 혁신적이며 실질적이다. 이는 전통적인 더불어 민주당 지지 지층은 물론 무주택층 모두, 그리고 1가구

1주택을 가지고 있는 실소유주들이 희망을 가질 만한 것이다. 부동산 주택문제에 이렇다 할 정책도 내지 않고 있는 국힘당의 당면 현실을 고려하면 국힘당 지지자들에게도 이재명의 부동산대책은 생활인의 일원으로 광범위하게 지지할 만한 것이다.

국힘당 지지자들도 주목할 만하다

문 대통령의 점잖은 국정운영 스타일이 국민통합을 향한 고육지계임을 인정하더라도 부동산 폭등, 빈부격차를 완화하지 못한 현실적 결과는 과감하게 혁신해 가야한다는 것이 국민적 정서다. 이런 의미라면 이재명이 보여준 과감한 실천력과 실용주의적 해결능력을 바탕으로 수립되는 이재명 정부는 정권교체라는 의미를 지닌다. 이미 더불어 민주당 송영길 대표는 한 언론과의 인터뷰에서 '이재명 정권교체'를 언급했다. 이재명 후보가 보여줄 비전은 국민 통합적이며 혁신적이고 실질적 일 것으로 전망한다. 이재명 정부로의 정권교체! 이것이 현 정세의 핵심이다.

대선 후보로 확정된 이후 이재명 후보의 행보를 보면 '당내 경선보다는 본선에 맞는 후보'라는 평가가 어울릴 듯하다. 막 시작된 이 후보의 국정운영 구상 인터뷰를 보면 본선 경쟁은 물론 국정운영에 걸 맞는 인물로 비쳐진다.

연합뉴스와의 단독 인터뷰에서 여권대통합과 탕평내각, 헌법개정과 권력구조개편, 공정성장과 전환성장과 기본시리즈, 부동산대책과 개발이익 환수와 1가구 1주택 실수요자들에 대한 현실적인 보호, 권력의 계승과 혁신에 대해 포괄적인 입장을 표명했다.

불리한 의제도 피하지 않는다

언제나 그렇지만 이재명 후보의 비전과 정책은 중심과 주변, 선차와 후차, 부분과 통합, 계승과 혁신이 잘 짜여져 있는 설계도로 보인다. 이재명의 정책 그림에 실용적 실행력이 탑재되면 이재명 정부의 효능감은 높을 것이다.

이 후보는 자신의 말대로 그 어떤 불리한 의제도 피하지 않고 당당하게 국민을 믿고 끊임없이 설득하며 정면 돌파할 것으로 보인다. 이 후보는 본선 행보를 하자마자 음식점 총량제와 주4일제 입장을 내보여 일대 논쟁을 불러일으켰다. 레거시 미디어의 비난은 물론 민주당내 일부 의원들도 어리둥절하는 사태가 벌어졌다.

이 후보는 앞으로도 각종 의제를 던지며 그 의제들을 국민적 담론으로 끌어올리고, 차기 정부의 주요 과제에 대해 전방위적인 동의를 구하는 방식으로 선거운동을 수행하리라 예상된다. 이 후보에게 선거운동은 국민계몽이자 동의를 구하는 행동이며 득표의 다면적인 포석이다. 그 누구도 흉내 낼 수 없는 방식이다.

토론과 공감은 정책 실행의 전제

　기껏해야 신변잡기나 소소한 공방으로 국민에게 어필하는 국힘당 후보와는 달리 굵직하고 반드시 해결해 나가야 할 어젠다를 광범위한 국민적 논쟁으로 전환시키고, 그 결론을 국정과제수립으로 국민의 동의를 구하며 득표로 연결시키는 방식, 즉 비전-전략-전술-실무를 한 방에 그물망 속에 담아내는 것이다.

　이런 의미에서 20대 대통령 선거는 하나의 성찰 과정이자 탐구 과정이며 거대한 소통의 장이다. 바람과 같다는 지지율에 일희일비하지 않으며 우리를 둘러싼 사회적 담론과 국가적 담론을 집단지성의 광장에 올리는 것이다. 즉, 정책이 일부 전문가의 책상 위의 과제물에서 국민적 공감을 획득하며 실현 가능한 실제정책으로 발전해가는 과정이다.

　이재명의 선거운동방식은 입체적이고 총체적이다. 여기에 이재명 공약과 민주당 공약이 융합된 더불어 민주당 공약집은 촛불지성들의 이론적 무기가 되어 유권자들을 실질적으로 설득하게 될 것이다.

43.
상식과 비상식, 비전과 분노

　이재명 대 윤석열이 맞붙는 20대 대선은 여러 모로 기이하다. 더불어 민주당내 비주류와 문재인 정부에서 고속 출세한 후 국힘당으로 튀어나간 검객 간의 대결이다. 이들의 태생적 속성은 지지율 등락의 패턴 자체를 결정한다. 우선 이재명 지지율의 특징은 점프가 없다. 당내경선에서 보여준 대로 조금씩 전진하는 양태를 보여준다. 쉽게 후퇴하는 바도 없다. 경선 이후 지지율 패턴도 유사하리라 짐작된다.

　반면 윤석열의 등락 패턴은 이재명과 대비된다. 우선 등장 자체가 극적이다. 윤석열은 검사 시절 문재인정부의 검찰개혁에 어깃장을 놓으면서 반문세력의 눈에 띄며 떠올려졌다. 높은 지지율로 시작한 윤의 당내경선행보는 보합세, 상향하향세를 반복하며 막판 국힘당 내 노인당원들의 지지를 업어 당선되었다.

이재명과 윤석열은 등장 자체가 구별된다

양자의 지지율패턴은 태생적 속성과 지향적 가치를 반영한다. 이재명 지지는 실용적 성과, 비전, 집단지성, 상식에 근거한다. 이는 이성적 합리성이 선택 기준임을 의미한다. 즉 이재명 지지자들은 이모저모 따져보고 과거의 업적을 점검해보며 미래를 잘 설계 집행할 수 있는지를 살펴보며 마음을 준다. 이런 과정 자체가 이성적 사유를 동반한다. 충동이나 소문, 분노가 들어갈 여지가 아주 적다. 본질적으로 급격한 지지율 반등을 기대할 수가 없다.

이와 반대로 윤석열 지지자들에게는 상실감에 기반한 분노, 알 수 없는 불안, 다시 가지고 싶은 위세, 잃어버렸다고 생각되는 세월을 되돌리고 싶은 '설명할 수 없는 뒤엉킨 욕망'이 근저를 형성하고 있다. 이들에게는 문재인-이재명을 누르는 것 자체가 결집의 요인이 된다. 이들에게 뒤엉킨 욕망은 정치적 결집을 유도

하는 트리거다.

분노, 원한의 패러다임

양자의 캠프가 정돈되고 본격적인 대선 행보가 본격화될 무렵이면 양자의 호소 포인트는 극명하게 구별될 것이다. 이재명 캠프에는 미래를 향한 열정과 비전, 나라다운 나라로부터 국민이 주인이 되는 나라로의 열망, 불공정한 관행으로 피해를 받아 온 계층과 직능에 대한 위로와 정책 대안이 전면으로 부상한다. 이로써 윤석열의 분노, 복수, 원한의 패러다임을 희망, 전진, 연대의 패러다임으로 제압해 갈 것이다. 이재명 후보 자신의 풍부한 대안과 호소, 이에 연동되어 지속되는 집단지성의 호소는 이재명의 가치를 아직 알아채지 못한 각계각층 속으로 스며들 것이다.

이재명 캠프의 미래 비전과 굵직한 공약이 국민의 가슴에 파문을 일으키면 2030 청년들에게도 희망의 메시지로 전해진다. 결국 이재명 산성이 구축되고 4050을 중심으로 아래로는 2030, 위로는 6070까지 견고한 지지세가 확립될 것이다. 동시에 영남과 호남, 충청과 강원, 제주 등 경향각지에서 이재명과 함께 하는 미래 비전은 구체적인 지지세력을 구축하고, 최종 승리로 나아갈 것이다. 이 과정에서도 국힘당과 레거시 미디어의 대장동 덮어씌우기, 거친 이미지 씌우기 등이 지속될 것이다. 혼돈과 혼란의 소용돌이는 불가피하다.

배반, 분노, 복수, 상실

이재명 캠프가 상대하는 윤석열은 태생적인 약점이 있다. 문재인 정부 아래에서 고속 출세한 검찰총장이 어느 날 뛰어나가 들이받는 배반의 아이콘이라는 것이다. 배반의 아이콘에는 국힘당 노인들의 분노, 복수심, 상실이 배어있다. 여기에 권력 또는 자원에 대한 배타적 독점욕이 도사리고 있어서 공동체를 어떻게 끌고 가야겠다는 철학적인 비전이 없다. 여기까지다. 이재명 캠프의 행로는 우공이산[14]이며 소박 소박 대박이다. 30%의 집단지성이 한 사람을 설득할 수 있으면 승리한다. 희망 연대 공동체는 과학이고 승리의 원천이다.

---

14) 愚公移山, 한 가지 일만 꾸준히, 열심히 하면 큰 일을 이룰 수 있다는 뜻

기울어진 언론과 손가락혁명군

　　이재명 진영의 핵심 홍보선전대는 '손가락혁명군'이다. 비가오나 눈이오나 이재명 당선을 열망하는 콘크리트 지지층 30%가 직접 손가락혁명군에 나서는 일이다. 좋아요를 누르고, 댓글을 달고, 지지글과 동영상을 퍼나르는 일이다. 시간이 허락한다면 동영상을 만들고 글을 쓰고 구호를 만들어 카톡에, 인스타그램에, 텔레그램에, 페이스북에 메시지를 올리는 일이다.

기울어진 언론, 언론이 플레이어

　　한국의 전통 언론은 오랫동안 누적되어 온 기득권 세력으로 이재명의 대통령 당선을 위협적으로

이재명을 생각한다

160

느끼고 있다. 일부 언론 스스로가 특권 세력이다. 김의겸 의원이 밝혔듯이 조선일보 사주일가는 부동산이 시가 2조 5천억원이다. 중앙일보는 범삼성가다. 이들이 소유하고 있는 케이블TV의 사장, 편집국장, 간부들이 누구의 입맛에 맞출지는 자명하다. 이들이 그려 놓은 프레임을 대다수 언론이 관행처럼 받아쓰는 것도 당연하다.

주요언론사의 먹거리는 재벌1, 정부1, 분양 등 기타 광고가 1을 차지한다. 또 기자들의 취재처는 대부분이 기업 정부의 고위층, 그리고 부동산 시장이다. 한국 언론사 다수의 주인이 건설업자이기도 하다. 언론사들에게 부동산시장이 안정되는 것은 곧 죽음이다. 주요 언론사 간부들이 퇴직을 하면 또 언론사를 만든다. 이들 또한 관점이 유사하다. 대부분 반이재명일 수 밖에 없다. 이들의 지휘하에 글을 쓰는 정치부, 사회부 기자들은 이들의 입맛에 맞추게 되고 이것이 반복되면 그 스스로가 그러한 사람이 된다.

손가락혁명군의 위력

그러니 전통적인 미디어에 기대할 바가 없다.

평범한 정아 씨는 어째다 재명 씨에게 관심이 생겼을까

손가락혁명군이 활성화되고 전통 미디어를 포위하고 고립시키며 압도하기 시작할 즈음이면 전통 미디어 내에서 이탈이 생겨 동조세력이 생기기 시작한다. 살기 위해서다. 뉴미디어를 중심으로 벌어지는 손가락혁명군은 매우 위력적이다. 즉, 우리 스스로가 매우 위력적이다. 스스로의 힘을 신뢰하자. 콘크리트지지자 30%의 개인 개인이 매일 1인 기자가 된다면 전통 미디어를 포위 고립시킬 수 있다.

　기존 언론이 너도 나도 지지율 격차 10%, 민주당 지지도 하향세, 문대통령 국정지지도 하락 등을 소나기처럼 쏟아내고 있다. 이재명 지지세력 사이에 조마조마해 하는 사람들이 있다. 별거 아니다.

　국힘당 내부 경선 직후의 컨벤션 효과도 있겠고, 여론조사기관과 기존 미디어의 윤석열 팍팍 밀어주기의 분위기도 한몫 했을 것이다. 네이버와 다음을 보아도 윤석열의 동향 대 이재명의 동향 사이의 보도 격차는 현저하다. 이재명 지지자들의 깊은 분노가 페이스북에서 노출되는 것도 당연하다. 하지만 분노와 안타까워하는 마음을 여과 없이 드러내지는 말자.

평범한 것 아래서는 어째다 재명 씨에게 관심이 생겼을까

스스로를 신뢰하는 것, 떨지 말자

이러한 기존미디어와 포탈에서의 편파성은 결국 언론의 실패, 미디어 시장의 실패로 연결되며 적당한 시기에 후폭풍으로 다가갈 것이다. 이재명의 행보를 언제까지나 보도하지 않을 수는 없다. 현 시기 윤석열에게는 꽃피는 봄날이겠지만, 2월에 이르면 낙엽지는 겨울일 수 있다.

윤석열이 목포에서 폭탄주를 마시며, 야구장에서 야구를 즐기도록 격려하자. 이러한 윤석열의 꽃길 행보와 일찍 터트리는 샴페인 행보는 얼마 후 뼈아픈 칼날로 심장을 겨눌 것이다.

반면 이재명이 진행하는 매타버스(매일 버스타고 움직이는 현장행보)가 초기에는 기껏해야 시장바닥을 돌아다니는 쪼잔한 행보처럼 보일지 모른다. 기존 미디어의 화려한 '묻지마 지원'에 익숙한 국힘당 관계자들에게 이재명의 행보는 탱크에 소총을 들이대는 것처럼 보일지 모른다. 그러나 출렁이는 민심은 최신식무기보다 강하고 바다의 심연만큼이나 깊고 격렬하다.

양질전화(量質轉化)! 한 점의 불씨가 광야를 불태운다

양이 쌓이면 질이 변한다. 변화 발전의 법칙이다. 부산에서 울산으로, 대구에서 마산으로 중단없이 유동하는 매타버스는 서서히 파문을 던지기 시작하고 그것이 누적되면 어느새 사람들의 마음을 뒤흔들기 시작한다. 이를 밑받침하고 있는 단단하고 견고한 집단지성 30%는 여기에 의미를 부여하고 목표지점을 분명히 제시한다.

이즈음이 되면 껍데기이긴 하지만 언론의 외피를 유지하기 위해서도 기존 언론은 이재명을 보도하지 않을 수 없게 되어 이재명 필승론은 어느새 세상을 덮게 된다.

여기에 대통령선거 직후 실시되는 제8회 지방선거는 '양질 전화 변화발전법칙'을 가속화시킨다. 현직 광역지자체장 정당별 당선자는 민주당 14명 대 국힘당 2명, 기초단체장 당선자는 민주당 151명 대 국힘당 53명, 시도의회의원 당선자는 민주당 605명 대 국힘당 113명, 기초의회의원 당선자는 민주당 1,400명 대 국힘당 876명으로 현저한 격차를 보이고 있다. 여기에 지역구 국회의원 당선자인 민주당 163명 대 국힘당 84명의 지원도 진영 경쟁을 격화시킬 것이다. 조마조마해 하지 말자. 민의 물결이 적폐를 포위할 것이다. 승리는 과학이다.

이재명 후보는 법학을 전공했음에도 경제 산업 금융 증권에 해박하다. 국내시장은 물론 국제시장과의 연관성에 대해서도 폭넓은 지식을 갖고 있다. 지금 시기에 정치인이 경제, 산업, 금융에 구체적인 지식을 갖고 맥락을 이해하는 것은 매우 중요하다. 대통령의 깊은 경제 금융지식은 예산이 배정되어 실시되는 정책의 실제 효과에 직접적인 영향을 미친다.

재무제표를 읽어내는 이재명

처음으로 진행되는 이재명 후보와 주식투자자들(유튜브 와이스트릿)과의 대담에서 이재명 후보는 전문적인 지식을 요하는 주식시장에 관련된 각종 사안을 깊고 넓게 이해하고 있음을 보여주었다. 주식투자를 제대로 하려면 해당 산업에 대한 이해뿐 아니라 각종 재무제표를 읽을 수 있어야 한다.

거기에 세계적인 차원에서의 산업동향에도 능숙해야한다. 이 후보가 사용하는 각종 전문용어들을 보면 이런 능력을 가지고 있다고 보인다. 그래서인지 유튜브에 기대감을 표시한 수 많은 댓글이 달렸다. 놀라운 일이다.

"역시 이재명이구나 전문 지식이 뛰어나네 대통령 정했다. 시장 친화적이네. 반자본주의자인줄 알았는데."

"놀라울 정도로 명석하시네. 해외에서 이머징마켓으로 판단되는 문제로 인한 폐해들을 직시하고, 선지지수 편입에 대한 의지가 있다는 것. 공매도의 불평등문제를 이해하고 대상에 대한 규정을 수정해야한다는 부분, 규칙 위반에 대한 퇴출조치 및 징벌적 조치를 만들어야 한다는 얘기. 기업들의 배당에 대한 문제들. 금감원과 특사경 대폭확대 및 독립까지 전부 좋은 내용이었습니다."

댓글창에 올라온 시청자들의 논평들

"이재명 후보가 이리 박식한줄 몰랐네요. 당신이 대통령이 되는 나라의 국민으로 살아보고 싶네요. 누가 되든 관심이 없었는데 이 방송으로 인해 마음을 정했습니다."

소액투자자들은 물론이고 한국경제를 좀 더 나은 단계로 발전시키기를 바라는 기업인들도 이재명 후보의 깊은 지식에 신뢰를 보낸다.

삼성에서 젊은 시기를 보냈고 지금은 신세계그룹에서 고위임원을 하고 있는 한 산업계 인사는 "도지사 시절 이재명의 대(對)기업 행정은 신속하고 공정한 것이었다."고 기억했다. 아마도 역대 대통령과 대통령 후보 중 경제, 산업, 금융, 증권, 해외교역, 국제금융 등에 대해 가장 깊고 폭넓은 지식을 소유한 정치인이 아닐까 한다.

이재명 후보의 국제정세 이해도와 표현력에 A+를 주고 싶다. 일주일간 진행된 관훈클럽과 내외신 기자간담회에서 보여진 이 후보의 발언내용을 보고 든 생각이다. 나는 오랫동안 이재명 후보를 관찰해 왔지만, 국제정세 남북문제 등 외교통일분야에 대해서는 이 후보의 견해를 들여다 볼 기회가 없었다. 그래서 상당히 궁금했던 분야였다. 경기도지사가 접경지역을 둔 광역자치단체장으로 남북문제에 대한 약간의 행정 상의 필요를 제외하고는 국제정세와 남북문제를 특별히 다뤄야 할 이유는 없다.

국제동향에 대한 이해도 수준급

대미일중소관계와 한반도문제 등 국제정세에 대한 이 후보의 견해를 보면 한반도민의 여망을 담으며, 한국의 처지를 십분 고려한 직업외교관의 시야를 넘어서는 고도로 외교적인 발언들이었다. 여기에 기후위기와 신재생에너지, 소재산업, 국제금융 등 세계경제 및 지구환경보호 등에 대한 이 후보의 발언까지 종합해보면 이 후보의 국제동향에 대한 이해는 포괄적이고 총체적이다. 세계 4대 강국에 둘러싸여 있는 한반도의 정치지도자가 주체적 관점에서 국제정세를 높은 수준으로 이해한다는 것은 생존에 사활적 문제이다.

2018년 6월 경기도지사 선거가 끝난 후 '이재명 후보캠프' 핵심이었던 후배가 나의 사무실에 놀러 온 적이 있었다. 그 후배는 대화 말미에 이재명 지사에게 해 줄 이야기가 있으면 전하겠다고 했다. 나는 두 가지를 꼽았다. 첫 번째는 '고전을 늘 가까이 하실 것', 두 번째 '국제정세공부를 열심히 하실 것'을 들었다. 그 후배가 그 말을 전했는지 알 수 없다. 다만 두 가지는 꼭 이행할 것을 기대하는 마음뿐이었다. 확인할 길이라고는 이 지사의 발언뿐이었는데, 고작 남북접경 지대에 관한 국한된 발언 밖에 들을 수 없어 종합적인 견해를 최근에 들어서야 확인하게 되었다.

한반도에서 새로운 문명이 꽃 피기를 기대한다

필자는 지난 10년간 늘 국제정세를 훑어왔다. 이제는 습관이 되었다. 미국의 연례국방백서부터 중국공산당 대회에서 시진핑 총서기의 연설전문 및 노동당대회 김정은 위원장 연설문도 챙겨보았다. 팔레스타인 문제나 우크라이나 문제도 워싱턴이나 런던의 시각뿐만 아니라 모스크바와 베이징의 시각도 함께 본다. 이란과 쿠바, 베네수엘라의 현지 시각도 고려해 본다. 한반도의 정치지도자가 국제정세를 역사적으로 지정학적 지경학적 관점에서 이해한다는 것은 기본 덕목이다. 세계문명의 흐름 속에서 동아시아를 보고 한반도를 보며 우리의 삶을 진단해야 한다.

세계는 연결되어 있다. 다른 나라와의 상호의존도가 유독 높은 한반도에서 정치가가 가지는 높은 수준의 정세 안목은 그 자체가 전략자산이다. 이런 점에서도 이재명 후보에게 거는 기대는 크다.

천심(天心)이 이재명에게 기울고 있다. 민심은 천심이다. 이재명은 천심을 모으기 위해 천하를 주유하고 있다. 이재명은 매타버스를 타고 대구에서 삼천포, 그리고 목포에서 각계각층의 목소리를 듣고 있다. 민심을 얻기 위한 만리대장정은 당장 겉으로 드러나지 않는다. 그러나 민심은 거대한 해일과 같아서 임계점을 넘기면 서서히 그 모습을 드러내기 시작한다.

만리대장정에 맞춰 촛불 대중이 반응하기 시작했다. 좋아요를 누르고, 동영상을 퍼나르고, 이재명의 진심과 진가를 공유하기 시작했다. 입으로 글로 발 없는 말로 천리를 달려간다. 광화문과 여의도의 따스한 책상 앞에서는 도무지 알 수 없는 방식으로 방방곡곡에 희망을 전파하기 시작했다.

천리를 달리는 사람 마음들

여기에 재정비한 민주당 선대본이 스마트한 모습으로 씨줄과 날줄을 꿰기 위해 시동을 걸었다. 열린민주당과 통합을 위해 회담을 시작했고, 당외 양심인들을 모으기 위해 당력을 집중하고 있다. 이재명에게 덧씌운 모함과 악선전도 민심의 변화 앞에 그 힘을 상실하기 시작했다. 이재명에게 악선전되었던 흠결은 흠결이 아니라 인생사의 상처로 나타났다. 민심은 드디어 이재명을 이해하기 시작했다.

레거시 미디어를 포함한 상층 미디어도 분화하기 시작했다. 어쩔 수 없이 미디어들은 이재명의 진면모를 드러내기 시작했다. 관훈 토론, 연합뉴스TV, JTBC 대담에서 보여준 이재명의 높은 식견과 비전은 지식인들에게 이재명의 본 모습을 보여주는 계기가 됨으로써 지식인들의 이유 없는 거부를 완화시키기 시작했다. 시간이 갈수록 가속화될 것이다.

무정책 무정견 착시

반면 윤석열은 1일 1말실수로 무정견 무정책을 드러내고 있으며 신변잡담과 먹방으로 선거운동을 대신하고 있다. 윤 후보와 더불어 권성동, 장제원 등의 핵심선거책임자들은 벌써부터 권력독점을 향한 방패치기로 함께 가야 할 동료들(이준석, 김종인, 홍준표)마저 한 팀을 만드는데 잡음을 노출하고 있다. 권력을 다 잡은 듯한 착시는 오만을 불러일으키고 줄 세우기가 시작되고 있다.

이는 국힘당 내 단결을 해치게 되어 분노와 잃었던 영광을 다시 찾고 싶은 욕망으로 뭉쳐왔던 핵심당원들이 무엇을 위해 투쟁해야 하는지를 상실하게 만든다. 이미 이준석은 잠적했고, 김종인은 손을 떼었으며, 홍준표는 멀찌감치 돌아앉았다. 또 윤석열을 지지했던 청년들은 지지철회를 표명하며 윤 후보를 떠나갔다. 정치경험이 전무하고 평생 갑의 위치에만 있었으며 민심이 무엇인지 모르는 윤 후보는 이러한 현상이 정치적으로 무엇을 의미하는지 전혀 모르는 듯하다.

조중동의 '묻지마 윤석렬밀어주기'도 한계에 도

달한 것으로 보인다. 시간이 갈수록 양 진영간 차이는 더욱 분명해질 것이다. 민심 탐방 만리대장정의 위력은 날로 강화될 것이다.

49.
드디어
골든 크로스,
이재명
시대론이
떠오른다

2021년 12월 둘째 주 전국지표조사(NBS)결과 차기 대선 후보지지도에서 이 후보가 38%로 윤 후보의 36%를 넘어섰다.

이제 윤석열이 박스권에 갇히게 되었고 이재명은 소박 소박 대박 행진하고 있다. 사필귀정이다. 정권교체론은 시들고 이재명 시대론이 전면에 부각되기 시작했다. 검은 먹구름이 언제나 대지를 덮을 수는 없는 일이다. 진실과 희망의 광명한 태양이 검은 먹구름(가짜 뉴스) 사이로 천하와 시대 앞에 드러나기 시작했다. 부산의 자갈치 시장에서, 장성의 시골장터에서, 관훈클럽에서 진행되었던 메타버스의 희망대행진은

민의 가슴에 불을 댕기기 시작했다.

묻지마 윤석열지지도 민심 앞에 무기력

묻지마 윤석열지지로 일관하는 레거시 미디어의 검은 장막이 새 시대를 열망하는 청년들의 눈과 귀를 언제까지나 가리울 수는 없는 법이다. 대구 봉화의 할머니 할아버지들의 진정한 궁금증을 잠재울 수는 없는 법이다. 구도와 인물 모두에서 새로운 국면이 전개되고 있다. 이재명의 모진 생명력과 자기 갱신, 그리고 여민동락의 바람이다. 작은 바람이 모여 큰 바람으로 바뀌기 시작했다.

반면 한 잔의 술과 신변잡기로 정책 비전을 때우는 윤석열에게 한국민의 여망을 담기에는 어불성설이다. 김종인, 이준석, 김병준, 윤석열의 봉합행진도 이재명 시대론의 위세 앞에 한낱 바람에 흔들리는 등불에 불과하다.

이재명 정부는 우리 삶에 복을 가져올 것이다

유시민 작가의 말대로 이재명이 쏟아내는 개별 사안에 대한 구체적인 입장은 과거 김대중, 노무현, 문재인 후보에게 안타까워 지지했던 지지자들의 태도와는 달리, 이재명이 되면 우리들의 삶에 무엇인가 비전을 줄 것으로 기대하며 지지하는 방향으로 지지 배경을 바꾸었다. 거대한 변화다. 정치가 우리의 구체적인 삶을 어떻게 바꿀 수 있는지를 자각하는 시대가 되었다.

180석의 거함 민주당도 대항해를 위해 시동을 걸었다. 엔진을 점검하고 연료를 주입하고 군살도 걷어내고 있다. 계급장만 번쩍이고 자기 안위와 논공행상에만 촉이 발달되어 있는 자들은 어느 시대에나 있는 것이지만, 이들조차도 망치와 스패너를 들고 고도의 경계태세에 들어갔다. 바람직한 일이다.

천화동인(天火同人)! 하늘아래 작은 불들이 모이면 크게 하나가 된다. 화천대유(火天大有)! 하늘에 태양이 이글거리면 크게 얻는다. 작은 불(촛불)들이 서서히 하나가 되기 시작했다. 불들은 바람을 타기 시작했다. 이 불들은 자기가 사는 생활터전에서 불을 밝히기 시작했다. 좋아요를 누르고 댓글을 쓰고 자기 소신을 밝히기 시작했다. 이게 주역의 올바른 이치이다. 사익이 아니라 공익!

내가 이재명이다

이재명의 전진과 최종적 승리는 이재명과 범민주세력의 맹장들과 촛불들의 협업의 결과다. 몽골기병 칭기스칸이 십인대, 백인대, 천인대, 만인대와 함께 유라시아를 석권했듯이 말이다. 화지진(火地晉)! 촛불이 대지를 달구면 앞으로 나아간다. 용진[15]이다. 하늘과 땅이 감응하면 생명을 낳는다. 부산, 목포, 광주, 대구, 대전 등 땅의 주인들이 하늘(희망, 비전, 전진)에 감응하기 시작했다. 천지가 감응하면 바람이 일어난다. 이것이 골든크로스의 배경이다. 아직은 소박 소박이다. 연말이 되면 용진의 기세는 더욱 강화될 것이다.

---

15) 勇進, 용기있게 나아감

2021년 12월 중순, 이재명 대 윤석열 간의 지지율은 시소게임을 벌이고 있었다. 1월이 다 가기 전에는 서서히 이재명이 분명한 우위로 변할 것이다. 유시민, 이해찬, 정동영 등의 빅마우스들이 속속 이재명 돕기에 나선 가운데 윤석열 진영은 김건희, 권성동의 추문으로 어수선하다. 게다가 연일 계속되는 윤 후보의 음주 행렬과 관훈클럽 토론회에서 보여 준 식견은 국가운영을 담당하기에는 함량 미달임을 보여주고 있다.

모두가 공약집을 정독하자

이 시기 이재명 핵심지지층의 자기 확신의 제

고, 홍보선전력의 고양, 중도층에 대한 확장력 강화를 위해서 차기정부의 비전을 보여주는 대선공약집 발표가 시급하다. 100만명의 핵심지지층이 공약집을 정독하여 직업별 계층별 개인별로 홍보 논리를 갖추는 것은 집단지성의 위력한 무기이다. 또 향후 5년간 지속될 이재명표 개혁 행정의 강력한 보루이다.

예고되었던 이재명공약집과 더불어 민주당 공약 발표가 아직도 감감 무소식이다. 이재명 대선캠프는 공약집을 발표하라. 100만명의 이핵층(이재명 핵심지지층)이 500페이지에 이르는 공약집을 정독하고 수정하고 보완하는 것은 제4기 민주정부 또는 제2기 촛불 정부의 개혁드라이브를 되돌릴 수 없는 추세로 만들게 된다. 이는 촛불 대중 스스로가 자신을 조직하는 것이며 더불어 민주당을 살아 있는 일하는 정당으로 만든다.

100만명의 각성된 촛불 시민은 20대 대선을 승리로 이끌 뿐 아니라, 차기 중앙정부 및 지방정부를 감시하고 지지하며 이재명개혁의 대중적 마중물이다. 226개 기초 단체에 포진한 500여명의 각성된 촛불의 조직화는 한국민주주의를 더욱 높은 단계로 발전시킬 것이다.

작지만 확실한 실천이 유권자의 동의를 구한다

이재명은 소확행 공약으로 작지만 확실한 행복과 소소한 즐거움을 약속한다.

▷가상자산 과세 1년 늦추겠습니다 ▷밤낮없는 오토바이소음, 이제 그만 ▷휴대폰 안심 데이터 무료제공 ▷청년면접관련 완벽 지원서비스를 도입 ▷게이머 여러분, 이제 '상무 e스포츠선수단'에 지원하세요 ▷모든 국공립병원을 보훈대상자를 위한 위탁병원으로 지정 ▷반려동물 진료비 표준수가제를 도입해 반려인의 부담을 경감 ▷아동학대, 영아살해 더 엄하게 처벌 ▷자본시장의 불공정 해소 ▷초등학생 3시 동시하교제로 부모님의 걱정을 덜어드리겠습니다 ▷여성건강의학과로 바꿔 의료 접근성을 높이겠습니다 ▷변형 카메라, '불법촬영 범죄' 이제 그만 ▷적극적 친환경 자동차 정책으로 대한민국 미래산업 경쟁력 제고 ▷온라인 플랫폼 성장 그리고 투명성과 공정성, 플랫폼 수수료는 온라인 임대료 투명하게 공개 ▷동네 슈퍼 사장님들! 배달특급서비스로 번창하세요! 대한민

국 배달특급 전국으로 확장 ▷제2의 머지포인트 먹튀, 불법행위 근절과 촘촘한 소비자 보호 ▷182개국가중 174개 국가에서 실시하는 상병수당, 상병수당으로 쉴 권리를 찾아드리겠습니다 ▷2020년에 신고된 것만 5만2천여건, 국민 1000명당 1명이 피해자, 보이스피싱! 끝까지 추적해 한 푼이라도 더 되찾아 드리겠습니다 ▷12월 3일 UN이 지정한 '국제 장애인의날', 유니버설 디자인으로 장애의 장벽을 없애겠습니다 ▷딥페이크 인권침해로부터 국민을 지키겠습니다 ▷소비자 알 권리. 국내 농업 경쟁력을 위해 GMO완전표시제를 도입 ▷쌀값하락, 비료폭등 없게 선제 대응 ▷참고래 죽이는 플라스틱 폐기물 그만! ▷'온라인 경력증명서 발급 시스템'으로 청년 구직자의 발품을 덜겠습니다 ▷지원대상을 확대하여 에너지 복지 사각지대를 해소 ▷학업에 더 전념하도록 학자금 대출제도를 개선

꼭 필요한 마음에 드는 공약은 어떤 것인가?

"가난한 사람은 자유의 가치와 필요성을 모른다."

윤석열 후보가 전북대학생들과의 미팅에서 한 발언이다. 대한민국 대통령 후보의 발언인가 의심스러울 정도다. 40분씩 지각한 데 이어진 발언이었다. 미래에는 구인구직 어플리케이션이 생긴다는 발언도 이어졌다. 이런 어플리케이션이 이미 있는데 말이다. 예의도 없었고 물정도 몰랐다. 윤 후보의 자유관은 다소 심각하다. 김우영 더불어 민주당 선대위 대변인의 말대로 헌법정신을 부정하는 것이었다.

평범한 경우 써는
어째다 재명 씨에게
관심이 생겼을까

예의도 없고 물정도 모른다

윤 후보를 열렬히 지지하는 가난한 태극기 할 아버지들을 어떻게 설명할 것인가? 윤 후보의 자유관이 위험한 것은 150여년간의 한반도 땅에서 일어난 수 많은 대중운동의 역사적 경험과는 아주 동떨어진 것이라는데 있다. 대한민국 자체를 만들어 왔던 대중운동에 대한 이해가 거의 전무하다는 데 있다.

19세기 중반에 일어났던 동학은 최근의 시각으로 보더라도 인간의 생명과 자유를 고양시키는 최고 수준의 움직임이었다. 이 동학에 수 많은 가난한 사람이 주체로 참가했다. 이들은 근대 조선의 선봉이었다. 이후 일어났던 전봉준의 고창봉기에서도 3.1운동에서도 항일무장투쟁에서도 4.19에서도 광주민주화운동에서도 수 많은 가난한 사람들이 선두에 서곤 했다.

5년전 있었던 수 많은 가난한 사람들은 촛불대행진의 주체였다. 윤 후보 자유관의 문제점은 '가난한 사람들'을 시혜를 베풀어야 하는 자유를 모르는 무기력한 대상 정도로 바라보는데 있다. 이런 시각을 갖고 있다면 진정한 의미에서 이들과 소통하는 것은 불가능하다. 광범위한 시민들과 가슴을 열어놓고 소통하지 못하면서 공정을 말한다는 것은 거짓말이 되며 선거용 구호일 뿐이 된다.

사람 위에 사람 없고 사람 밑에 사람 없다

이런 점에서 이재명은 극적으로 대비된다. 이재명은 그 스스로가 극심하게 가난한 자였다. 극심하게 가난하여 자살도 생각했다. 어려운 여건에서도 그는 자존과 자유를 향해 형설의 공을 이룬 의지의 인간이었다. 그 스스로가 가난 소외를 스스로의 의지로 극복할 수 있음을 보여주었다. 그는 또 그의 경험을 타인과 공유하고자 정치에 뛰어 들은 드문 유형의 인간으로 성장했다. 공적가치를 사적욕망보다 우선하는 새 유형의 정치인이다.

이재명의 자유관에는 '사람 위에 사람 없고 사람 밑에 사람 없다'는 평등관이 기초해 있다. 이 평등관에는 사회의 구조적 요인이 가난을 양산해 낸다는 인식으로 나아간다. 그러기에 이재명의 행정관에는 가난을 뚫고 나아가는데 청년 스스로가 자신을 연마할 수 있는 여건 즉 기본시리즈가 국가적으로 제도화되는 것이 필요하다는 인식이 자리한다. 가치지향적이면서 현실적이다.

공동선 대동사회

이재명의 평등관 자유관은 경기도내 유원지정화사업을 성공리에 끝내게 된 배경이었을 것이다. 즉이 사업을 특별한 잡음 없이 신속하게 끝낸 데는 경기도내 유원지의 각종 사업자들의 양식을 굳게 신뢰한데 있었다. 상대에 대한 굳건한 믿음은 정책에 대한신뢰를 이끌어내고 자발성을 이끌어낸다. 있을 수 있는 손해도 감수하게 만든다. 공동선에 대한 사람들의동의를 극대화시킨 예이다. 청년들에게는 청년수당을만들고, 어린 여성들을 위해서는 생리대지급을 무료로 실시했던 이재명의 정책에서 그의 자유관과 평등관은 정책화된다.

이러한 이재명의 자유관 평등관이 중앙정부차원으로 까지 이어진다면 한국사회는 더욱 진일보한방향으로 전진해 갈 것이다. 반면 윤석열 후보의 자유관으로 정부를 이끌어 간다면 어떤 일이 벌어질지 분간하기 어렵다.

52

이재명은
경제전문가다

경제가 문제야! 일반국민들의 최고 관심사는 역시 민생 그리고 이와 직결된 경제다. 일자리 문제, 부동산 문제, 주식시장, 금융시장, 세금, 국가예산집행, 산업시스템전환 모두 다 경제와 연결되어 있다. 한 나라의 최고지도자가 경제문제에 대해 어느 정도 구체적이며 전체적으로 이해하고 있느냐는 나라발전에 직결되어 있다. 이 때문에 유권자가 대통령 후보들의 경제 비전을 살펴보는 것은 필수적이다.

주식시장 금융시장을 훤하게 꿰뚫고 있다

이런 요구에 부응하여 증권 전문 유튜브 방송

'삼프로TV'에서 대선 후보들과 나누는 주식 부동산 대담은 유익했다. 첫 번째 방송 대담자로 나선 이재명 후보의 증권 부동산 토크쇼는 그의 지식과 정책 능력을 엿볼 수 있는 중요 자료가 되고 있다. 그래서인지 삼프로TV의 이재명 토크쇼는 조회수가 12월30일을 기준으로 350만회를 넘어섰다. 이 프로그램은 주식시장과 부동산문제를 중심으로 화제를 이어 갔지만 경제전반으로 넘나들었다.

실무와 이론 모두가 탄탄하다

이재명 후보는 경험에 기초하면서도 탄탄한 이론적 기반이 밑받침되어 있었다. 이 후보는 자산형성 창구를 부동산으로부터 주식시장으로 이동할 것으로 예상하면서 신뢰할 수 있는 주식시장 구축이 과제라고 말했다. 즉 투명한 시장 확보를 위해 시장 내의 불합리한 요소를 걸러내는 지속적이고 확실한 행정조치를 밀고 가면 한국주식시장 자체의 신용도가 높아져 종합주가지수 5,000은 어렵지 않을 것으로 전망했다.

그는 시장의 상황, 시장 실패의 요인, 개선책, 경제 현상의 기본개념, 구체적인 데이터 등을 확실히 파악하고 있음을 드러냈다. 특히 화폐의 본질, 은행의 공공성과 상업성과의 관계, 코인 발생의 배경과 불가피성 그리고 건전한 육성책 등을 말하는 대목에 이르면 높은 정치경제학적 안목을 갖고 있었다. 그의 경제 재정 금융에 대한 소견은 노동 정의 공공성 배려와 같은 사회적 가치와 연동되어 설명하고 있어 생생한 정책적 능력과 공감을 포함하는 것이었다. 경제학자들이 미처 파악하지 못하거나 놓치는 다양한 가치를 포함하여 이해하고 설명하는 능력을 지녔다.

실증적이고 합리적이다

이재명이 대통령이 된다면 경제관료들을 확실히 장악하고 통제하며 산업 전환, 금융산업정비 및 주식시장 건전화, 그리고 부동산시장 안정화를 성공적으로 이룰 수 있을 것 같다. 한 시간 이상 진행된 대담에서 이 후보는 언제나 구체적인 근거를 갖고 이야기했다. 실증적이고 합리적이다. 이 후보는 시장참여자거의 모두에게 상당한 만족감을 제공할 것으로 기대한다. 불법적이고 예외적인 이득을 취하려는 사람이 아니라면.

평범한 정의 아래 어제나 재명은 서게 관심의 생겼을까

53

무너져가는 농산어촌, 이재명만이 살릴 수 있다

시골을 갈 때 마다 가슴이 철렁할 때가 많다. 논 밭이 산과 어울려 아름다운 모습을 하고 있는 중에 느닷없이 아파트가 나타난다거나, 무엇을 짓는지 산자락이 벌겋게 파헤쳐져 있을 때다. 대문짝만한 입간판이 줄지어 있고, 건축물 폐자재가 무더기로 쌓여있는 농촌 모습을 보면 우울하다. 어떤 농촌의 경우는 희뿌연 먼지로 변화한 도시보다 더 탁하다.

사양산업이 아니라 전략산업

정말 이럴 수 밖에 없는 것인가? 농촌에서 태어났지만 농촌을 떠난 지 오래인 나에게 유튜브 '도올

TV'에서 진행된 도올 김용옥선생과 이재명 후보 간의 농산어촌 문제에 대한 대담은 실상을 잘 설명해주고 농산어촌을 어떻게 정돈해야 할 지를 말해주는 격조 높은 정책 대담이었다. 30분가량의 길지 않은 대담에서 한국 농촌이 어디로 가야하는지를 압축적으로 말해주고 있다.

여기서 이재명 후보는 관점을 바꿀 것을 주문했다. 즉 농산과 어업이 사양산업이 아니라 '전략산업'이며 국가단위의 생태환경의 보루라는 것이다. 국토 균형 발전이라는 관점에서 바라보며 공동체의 복원이라는 방향을 가져야 한다는 것이다. 더욱 중요한 것은 농산어촌에 살고 있는 주민들의 행복지수를 높이는 방향으로 설계되어야 한다는 것이다. 이렇게 되면 사람들은 실업의 압력에서 벗어나고 지방의 인구감소를 해소하며 행복한 삶의 토대를 마련할 수 있다는 것이다.

농산어촌은 한국문화의 보고

이를 위해서 이재명은 구체적인 지원책을 제시한다. 농촌에는 농민만 사는 것이 아니므로 농민기본소득에서 농촌기본소득으로 확대할 수 있다. 1인당

월 15만원을 지급할 경우 4인가족이면 60만원의 소득이 생긴다. 여기에 근로소득을 합하면 안정적인 생활이 가능해지는데, 이를 지원하는 정책으로 주민자치와 연결되는 마을공동체사업을 지원할 수 있다. 마을공동체사업은 농어산촌 부산물을 가공하고 쓰레기 폐비닐 농약 등을 정리정돈함으로써 환경 복원을 추진할 수 있다는 것이다.

그렇다면 왜 이 지경이 되었을까? 수출 주도형 성장 정책에 기인했다고 진단한다. 농촌을 공업농동자의 제공처로 보고 농촌을 해체해왔다는 것이다. 먹거리는 비교우위론에 입각하여 싼 먹거리를 외국에서 수입하면 된다는 정부의 경제정책에 근원이 있다는 것이다. 이러다 보니 헌법에 규정된 경자유전은 말뿐이 되고 현재의 농촌은 임차농이 동원된 대농 중심의 농업시스템으로 변모했다고 진단한다. 여기에 전국이 투기화되어 부재지주의 토지 소유가 일반화되고 농촌을 지키고 있는 자영농은 소농의 형태를 유지하며 이들의 목소리가 반영되지 못하면서 농촌조차 난개발의 홍역에 내몰리게 되었다는 진단이다. 결과적으로 농지 면적은 OECD국가중 최소 단위로 떨어졌다.

경자유전은 헌법적 가치

이를 시정하는 방향으로는 농지소유제도를 전면적으로 시정하여 경자유전의 헌법적 가치를 정상화해야한다는 것이다. 이를 위해서는 국토관리청을 신설하고 농지전수조사를 실시하여 소농중심의 직영자영 농촌으로 보완해 가야 한다는 것이다. 이런 정책이 실시되면 한국문화의 보고인 농산어촌 농산어촌공동체가 면면히 이어져 내려오는 우리문화의 담지자로도 기능할 수 있다.

식량자급율이 20%에 머무르고 농어산촌이 황폐화되며 농어산촌공동체가 해체되는 지금 자연 환경 생명의 새로운 복원은 국가단위의 정책이 되었다. 이 시점에서 도울TV에서 보여준 이재명 후보의 농산어촌에 대한 식견은 현상과 본질을 꿰뚫고 있다. 또 현재에 이르게 된 배경과 정상화에 저항하는 세력의 행태에 대해서도 훤히 들여다 보고 있다. 기능적이고 제도적인 개선책과 아울러 자연과 인간의 생태적 교감, 궁극적으로 농산어촌주민들이 행복으로 가는 길에 대해서 근원적인 이해를 동반하고 있다. 이재명 정부에서 진행될 새로운 농산어촌의 모습이 기대된다.

54.
이재명은 특별한 분노, 복수, 적대가 없다

이재명 후보가 주장하는 '진정한 의미의 국민통합'이 진실이라 믿는다. 심지어 지금 경쟁자로 상대하는 윤석열 후보에게 조차 별다른 적대가 있지 않다. 만일 이 후보가 삶이 정제되지 않아 사람에 대한 회한이 남아 있다면, 수도 없이 많았을 것이다. 아무 것도 남기지 않고 돌아가신 아버님도 원망의 대상이었을 것이다.

고통은 복수심을 낳을 수 있다
소년공 시절 점심시간 어린 소년공들끼리 싸움을 붙이며 히히덕거렸던 선배 노동자들도 분노로 남아있었을 것이다. 거기에 성남시 시민활동가로 나서 의료 법인을 만들고자 했던 시기에 거짓과 기만으로 일관했던 성남시장과 그 관계자들도, 이명박과 박근혜 시기에 이재명 죽이기에 나섰던 공작조들도, 그들의 왕초였던 이명박과 박근혜도, 여기에 부화뇌동해 곡필을 동원했던 일부 언론도 분노 복수의 대상이었을 것이다.

하지만 이재명에게 근본적인 분노 복수심은 없다. 그의 사이다 발언이나 직설화법은 자기방어를 위한 수단이었고, 당시 그에게 어울리는 그의 대응 방식이었을 것으로 보인다. 그러나 최근 대통령 후보로 나선 그가 보여주는 삼프로TV나 적의를 갖고 함정을 놓은 듯 짐작되는 레거시 미디어 언론인들의 계산된 질문에 대응하는 모습을 보면, 이미 그는 차원을 넘어섰다.

고통을 승화시킨 평범한 사람

그는 선각자(先覺者)다. 이미 미리 깨달은 자이다. 소년공 시절 힘들고 고통스런 노동과 끝 모를 고난이 삶의 좌표를 분명히 하였을 것이다. 이재명 후보

평범한 경우 아니는
어째다 재명 새에게
관심이 생겼을까

의 표정은 특별히 심각하지 않다. 편안하다. 시련은 시련대로, 성취는 성취대로 받아들이는 듯하다. 소년공 시절의 경험에서 소통의 법칙을 깨우쳤을 것으로 보인다. 그에게 공장은 학교였고 소년시절의 고난은 수도(修道)였다.

고된 노동이 끝난 후에는 평화가 찾아 온다. 심각할 여유가 없다. 명랑하지 않으면 안된다. 아마도 한국 사회에 드리워진 수많은 난제를 해결하려면 인내와 평정심이 필요하다. 낙관적 자세는 대열을 신나게 만든다. 또 불안을 멀리한다. 분노, 복수, 적대를 담은 정책은 성공할 수 없다. 과정도 결과도 정당해야 한다. 이재명은 이런 조건에 어울리는 사람이다.

함께 일하고 즐기는 대통령이 요구된다

이재명을 잘 모르는 사람들은 불안해 할 수 있다. 이재명은 깨달은 자이기도 하면서 명랑한 자이다. 이 땅에서 중산층으로 평범하고 온화한 사람들과도 아주 잘 어울리는 사람이다. 중산층과 중도층의 온화함과 포근함, 상식과 잘 어울리는 사람이기도 하다. 성남시장 시절 동네의 청소년들과 잘 어울렸던 과거가 이런 점들을 말해 준다.

어떤 의미에서는 근엄하고 위압적이며 숭배의 대상이 되는 대통령이 아니라 동네 아저씨 같고 토론할 수 있으며 같이 즐길 수 있는 새 형의 대통령이 필요한 시대인지도 모른다.

얼마 전 선배 한 분이 카카오톡으로 '이재명 후보 형수 욕설 동영상'을 올려 진위 여부를 물어왔다. 하도 가짜동영상이 많으니 알 수 없다면서 말이다. 나라고 알 리가 있나?

나는 인터넷에 돌아다니는 녹음 테이프를 들은 바도 없고 크게 관심도 없다. 고약한 욕설이 사실일 것으로 보인다. 이미 이재명 후보는 심히 고통스러워했다고 했다. 인생사가 다 그렇다. 가족일지라도 크게 다투다 보면 고약한 욕도 나오게 마련이다. 가족 사이에는 남들이 이해할 수 없는 말 못할 가족사와 곡절이 있게 마련이다. 더구나 이재명의 욕설 사건에 국정원의 치밀한 공작도 한 몫 했다면 문제는 복잡해진다.

〈이재명은 합니다〉라는 자전적 에세이에서 기술한 이재명의 고통스런 토로가 그나마 진실에 다가가는 통로가 아닐까 싶다. 이 조차 믿지 않으려는 사람이라면 달리 방법이 없다.

다음은 〈이재명은 합니다〉 129페이지~140페이지에 기술된 이재명 후보의 고백이다. 이재명 후보를 지지하거나 반대하거나 모두 읽어 볼 만하다.

'수신제가치국평천하'

정치에 발을 들여놓기 전만 해도 이 한 마디가 내 인생을 이토록 그림자처럼 집요하게 따라다니게 될 줄은 미처 몰랐다.

사실 예전에는 건전한 사고를 지닌 국민의 한 사람으로서 내 한 몸 잘 간수하며 사는 것이 목표였다. 물론 그것조차 만만치 않은 것이 현실이었지만, 그저 내게 주어진 길을 회피하거나 부정하지 않고 한 걸음씩 차곡차곡 나아가는 것만이 최선이라고 생각해 왔다.

돌이켜보면 어린 나이에 공장 생활을 하면서

'나'라는 존재에 대해 뼈저리게 느낀 바가 있었고, 대학생이 되어서는 국가와 사회를 보는 눈이 달라졌으며, 사법고시를 거쳐 인권변호사로 활동하면서부터는 정의란 말을 자주 입에 올리게 되었다. 이런 과정을 거치는 동안 나는 '수신'과 더불어 '제가'에도 자신감을 갖기 시작했다. 그리고 성남시장이 된 뒤에는 잘못된 시정을 바로잡아 보겠다는 다짐과 함께 국가의 작은 단위로서 지자체 행정을 통해 '치국평천하'에도 감히 도전장을 던지기에 이르렀다.

음해공작으로 고통스러워

'정의 구현'을 현실 속에서 정말 제대로 실행하고 싶었다. 치국평천하 까지는 아니더라도 국민들의 답답한 가슴을 시원하게 뻥 뚫어주는 역할만이라도 충실히 해내고 싶었다. 하지만 그런 뜻을 품자마자 적의 공격이 시작되었다. 구태정치의 표본인 음해 공작이 내 앞을 가로막은 것이다. 그 유치하고 치졸한 음해 공작의 중심에는 다름 아닌 나의 친형이 있다.

가족 이야기를 다시 꺼낼 수밖에 없는 현실이 참으로 아프고 한탄스럽지만, 한 사람의 정치인이자

머슴으로서, 좀더 맑고 투명한 미래를 약속하는 마음으로 나를 둘러싼 음해 공작의 전모를 밝히고자 한다.

우리 일곱 남매 중에서 일찌감치 경제적인 안정을 이룬 사람은 공인회계사인 셋째 형이었다. 가난했던 옛 시절을 생각하면 가히 성공적이라고 부를 만도 하지만, 사람의 탐욕이란 끝이 없었다. 의식주가 해결되자 형은 명예와 권력까지 넘보았다. 그리고 그 욕망은 내가 성남시장에 당선되자마자 때를 만난 듯 기지개를 켜기 시작했다.

형은 감사관을 통해 내게 노골적으로 청탁을 해왔다. 시장의 권한을 이용해 자신을 대학교수로 만들어 달라는 것이었다. 그런 일이 어떻게 가능할 거라고 생각했을까.

그 가까웠던 형이.

"못들은 것으로 하세요" 하고 감사관에게 말했다.

하늘이 무너져도 안 되는 건 안 되는 것이었다. 이때부터 형과 나 사이에 감정적인 금이 가기 시작했다. 그 뒤로도 형은 시장의 친형이라는 '무기'를 내세워 시정에 개입했고, 심지어 비서실장에게 특정인 승진, 징계 등을 요구하며 인사에 개입했다.

나는 참을 수 없었다. 슬픔과 분노가 치밀어 올랐다. 청탁, 뒷거래, 부정부패. 그토록 싫어하고 우려했던 단어가 왜 하필 가장 가까운 형제에게서 나온단 말인가. 나는 혈연을 외면하고 직원들에게 강력한 지시를 내렸다.

"앞으로 시장의 가족, 특히 셋째 형과 접촉을 금지합니다."

구태정치의 사슬, 그 썩은 부패의 관행을 뿌리 뽑으려고 정치에 입문한 나로서는 당연한 조치였다. 한편으로는 그 동안 얼마나 많은 정치인들이 이런 상황 앞에서 그에 굴복하고 말았을까 하는 생각도 들었다. 위기란 어쩌면 가장 가깝고 약한 곳에서부터 시작되는 것인지도 모른다.

그 뒤로 휴대폰은 물론 시장실로 걸려오는 형의 전화까지 모두 차단시켰다. 시장실 앞에서 시장 면담을 요구하며 농성을 하는 형님을 나는 만나지 않았다. 형은 공공연히 나를 비난하고 다니기 시작했다.

국정원의 김 과장

국가의 안보를 최우선으로 삼아야 할 국정원이

형제간의 빈틈을 노리기 시작한 것은 바로 이 즈음이었다. 공작의 기획자인 국정원과 그 하수인들은 나에게 이른바 '종북 정치인'이란 올가미를 씌우기 위해 호시탐탐 기회를 노려왔던 터였다. 그리고 이번에는 그 하수인으로 나의 친형을 내세운 것이다.

국정원의 김 과장이라는 인물은 은밀히 형을 만나 '이재명은 간첩'이라는 말로 선동하며 '종북시장 퇴진운동'을 벌이도록 부추기기 시작했다. 덩달아 성남시 새누리당의 한 고위인사는 다음 지자체 선거에서 새누리당 비례 시의원 공천을 해주겠다는 말로 형을 유혹하기도 했다. 그 말을 곧이곧대로 믿어버린 형은 그들이 시키는 대로 온갖 방법을 불사하며 공개적으로 나를 험담하고 다녔다. 처음엔 형이 죽도록 미웠다. 하지만 피를 나눈 형제 아닌가. 같은 어머니 뱃속에서 나온 혈육을 끝까지 미워할 수는 없었다. 나는 오히려 그런 형에게 연민을 느꼈다.

내가 정작 분노해야 할 대상은 국정원이었다. 피를 나눈 형제마저 눈 하나 깜짝하지 않고 적으로 만들어버리는 그들의 치밀한 공작에 분노가 치밀었다.

굴복할 수 없다.

그럼에도 굴복하지 않는다.

국정원의 비인간적인 공작으로 형제 사이의 갈등이 점점 깊어가던 그 무렵, 나는 밤마다 옛날 일들을 떠올리면서 한숨짓곤 했다. 내가 알던 어린 시절의 셋째 형은 순수한 사람이었다. 머리도 꽤 좋은 편이었다. 하지만 어려운 집안 형편 탓에 형님은 중학교 졸업과 동시에 공장 생활을 해야만 했다. 그 당시 나는 공장에서 일하며 틈틈이 공부한 덕분에 검정고시로 중·고등학교 과정을 마칠 수 있었다. 그리고 마침내 대학에 들어가 전액장학금에 매월 20만 원씩 학교로부터 생활보조금까지 받을 수 있게 되었다. 나는 그 돈을 아껴서 집으로 보내주곤 했다. 그러다가 언제부터인가 셋째 형이 자꾸만 눈에 밟혔다.

저렇게 마냥 공장에서 청춘을 보낼 사람이 아닌데.

마침내 나는 형을 찾아가 속에 있는 이야기를 꺼냈다.

"형, 대학 진학 말인데, 내가 해보니까 전혀 불가능한 게 아니더라. 형도 지금부터 준비해보는 게 어때? 형은 머리가 좋으니까 충분히 대학에 갈 수 있을 거야."

형은 머뭇거렸다. 학원비며 생활비 따위를 걱정하고 있다는 사실을 내가 모를 리 없었다.

"형, 그래서 말인데, 내가 다달이 학원비를 대줄게."

매달 대학에서 지원해주는 생활보조비 이야기를 들먹이며 설득한 끝에 결국 형은 학력고사를 준비하기로 했다. 나는 약속대로 매달 형에게 학원비를 보내주었다.

지난 날의 형이 떠오른다

형은 공부를 시작한 지 1년 만에 보란 듯이 건국대학교 경제학과에 입학했다. 게다가 나처럼 전액 장학금에 매월 생활보조비까지 받는 장학생이 되었다. 형은 거기서 그치지 않고 열심히 공부한 끝에 공인회계사 시험에 당당히 합격했다. 그리고 회계사 사무실을 차려 재산도 모으고 결혼해서 단란한 가정까지 꾸렸다. 모든 것이 행복한 드라마처럼 착착 진행되는 것 같았다. 절망하지 않고 노력하면 누구나 성공할 수 있다는 흔한 메시지를 형은 몸소 보여주었다.

그랬던 형이 어째서 이토록 철천지원수처럼 변했단 말인가.

생각해보면 형은 그 동안 동생인 내게 은근히 열등감을 갖고 있었던 것 같다. 나보다 네 살 위이면서 학번은 1년이 더 늦다는 사실이 형에게는 내내 가시처럼 마음에 걸렸던 게 아닐까. 그러다 내가 성남시장이 되자 꼭꼭 숨겨두었던 열등의식이 왜곡된 방향으로 터져 나온 것은 아닐까. 열등의식은 심리적으로 자기 자신을 합리화하면서 오히려 욕망을 키우는 반작용을 일으킬 수 있다. 형이 그런 심리 상태에 있을 때 은밀히 다가와 욕망을 부추긴 당사자가 바로 국정원의 김 과장이었다.

차마 형을 미워할 수 없다

호수에 돌을 던지면 파문이 이는 것과 같은 이치였다. 국정원의 김 과장은 형의 마음에 돌을 던졌고, 그때부터 형은 평상심을 완전히 상실하고 말았다. 그리고 파문은 점점 크게 일더니 시시각각 나를 공격하기 시작했다.

나는 김 과장의 감언이설에 넘어간 형의 마음을 충분히 이해할 수 있었다. 그래서 형이 나에게 말도 안 되는 악담을 퍼붓고 선거전에서 나의 반대편에 서서 낙선운동을 벌일 때도 나는 애써 그를 이해하려고 노력했다. 형은 심지어 의회에 난입하기도 하고 백화점에 들어가 시장의 친형'이라며 난동을 부리기도 했다. 이 모두가 국정원의 사주로부터 시작된 일들이었다. 그리고 그들의 목적은 단 하나, 종북시장으로 몰아 이재명 성남시장을 어떡하든 퇴진시키는 것이었다. 그들의 검은 속내를 알기에 형을 차마 미워할 수 없었다.

어머니까지 소용돌이에

하지만 얼마 후 도저히 참을 수 없는 일이 벌어지고 말았다. 나와 전화 연결이 되지 않자 셋째 형 내외가 어머니를 찾아가 난동을 부린 것이다. 처음에는 어머니의 휴대폰으로 내게 전화를 걸어 바꿔달라는 것이 그들의 요구사항이었다. 셋째 형이 나를 괴롭히고 있다는 사실을 잘 알고 있는 어머니는 거절했다. 그러자 형은 어머니에게 집에 불을 질러 죽인다고 위협했다. 형은 이미 수년 전 어머니에게 폭언을 하고 인연을 끊은 후였다. 당시 어머니 통장에는 5,000만 원 정도의 노후자금이 있었다. 일곱 남매 중 가장 잘 사는 셋째 형이 어머니에게 '5,000만 원을 빌려달라'고 떼를 썼지만, 어머니는 거부했다. 자신의 요구가 모두 거절당하자 형은 이성을 잃고 어머니를 향해 거친 욕설을 퍼붓고 위협했다.

마침내 어머니는 공포와 절망, 그리고 처절한 슬픔에 못 이겨내게 전화를 걸었다. 전화가 연결되자 옆에 있던 형이 재빨리 낚아채더니 이번에는 내게 욕을 퍼붓기 시작했다. 나는 그 욕설을 잠자코 들었다. 제발 그 욕설을 나에게만 퍼붓고 말아줬으면 하는 것이 솔직한 내 심정이었다. 이 일이 있은 후 형님 부부는 어머니를 향해 차마 입으로 옮길 수 없는 패륜적 폭언을 했고 심지어 어머니 집을 찾아가 팔순의 어머니에게 주먹을 휘둘렀다. 그 어떤 막장 영화에서도 보기 힘든 패륜의 현장이었다.

폭언, 욕설, 화, 행패
형 내외가 어머니의 신고로 경찰에 연행된 후

어머니는 곧장 병원 신세를 져야 했다. 일곱 남매의 어머니로서 세상 그 어떤 풍파에도 끄떡없던 분이었건만 자식에게서 받은 충격만큼은 견딜 수 없었던 것이다. 나와 다른 형제들이 모두 어머님 댁에 모였다. 그리고 그제야 셋째 형 내외가 어머니에게 어떤 행패를 부렸는지 모두 알게 되었다.

나는 더 이상 화를 참지 못했고 셋째 형에게 전화를 했다. 셋째 형 대신 형수가 전화를 받았다. 형이 어머니에게 했던 욕설을 거론하며 자식된 도리로 어떻게 그런 쌍욕을 할 수 있느냐고 따졌다.

형님의 패륜 폭언을 두고 "그런 고차원적인 철학적 농담도 이해 못 해요?"라며 시댁 식구들을 능멸하던 형수는 침착하게 전화를 받았다. 그 태도에 화가 난 나와 형수 간에 욕설이 섞인 대화가 오갔다.

그 뒤로도 한동안 화가 가라앉지 않았다. 그런데 더 놀라운 일이 기다리고 있었다. 내가 퍼부은 욕설을 형수가 휴대폰으로 녹음하고 전후 맥락을 배제한 뒤 일부만 SNS를 통해 세상에 퍼뜨린 것이다. 이때부터 일명 '형수에게 쌍욕을 한 이재명 성남시장'이라는 제목의 파일이 온라인에 떠돌게 되었다.

나는 이 모든 일들이 치밀하게 파놓은 함정이라는 사실을 나중에야 깨달았다. 그들이 파놓은 함정에 내가 빠져버린 것이다. 나는 덫에 매달린 미끼를 덥석 물어버린 셈이었다.

진실을 알게 되다

어머니는 셋째 형이 두려웠던 나머지 경찰에 신고하여 접근금지 처분을 내리도록 했고, 형님은 벌금 500만 원의 형사처분도 받게 됐다. 그 이후 셋째 형이 어머니를 찾아가 행패를 부리는 일은 더는 재발하지 않았다. 하지만 어머니를 포함해 나머지 여섯 남매들과 셋째 형과의 관계는 더욱 소원해질 수밖에 없었다. 그리고 온라인에서 영원히 지워지지 않을 나의 욕설 파일은 앞으로 정치인 이재명이 짊어져야 할 무거운 낙인으로 남게 되었다.

나는 그 낙인을 애써 가리거나 지울 생각이 없다. 씻을 수 없는 오명과 수치에 못 이겨 조금이라도 고분고분해진다면 그것이야말로 적들이 노리던 바일 것이다. 나는 굴복하지 않을 것이다. 나아가 구태정치의 해묵은 세력들이 전가의 보도처럼 휘둘러왔던 정치공작에도 길고 긴 반격을 시도할 것이다. 모든 작용에는 반작용이 있다.

이른바 형수 쌍욕 사건으로 인해 나는 꽤 오랫동안 고통스러운 나날을 보냈다. SNS를 통해 그런 해프닝이 벌어지게 된 경위를 소상하게 올리기도 했지만 소용없는 일이었다. 앞뒤 잘라내고 욕설 부분만 편집하여 일파만파 퍼지도록 조작하는 바람에많은 사람들로부터 비난과 오해를 고스란히 받아야 했다.

쌍욕 사건의 후과는 컸다

나는 그 모든 비난을 인정한다. 누구라도 화를 참을 수 없는 상황이라 할지언정 형수에게 저급한 욕을 퍼부은 것은 분명 잘못이다. 모든 것이 나의 수양 부족 탓이다. 하지만 국정원을 이용해 정치공작을 일삼는 기득권 정치집단의 비열한 행태만큼은 영원히 용서할 수 없다. 형제를 이간질하고 한 집안을 파탄내는 비열한 짓들을 이토록 쉽게 저지를 수 있다는 사실에 나는 분노한다.

가족 간의 불화는 비록 내게 큰 타격을 주었지만, 그것도 시간이 지나면 언젠가는 오해가 풀리고 해

평범한 경아 씨는
어째다 재벌 씨에게
관심이 생겼을까

213

소될 것이다. 그리고 공직자로서 친인척의 비리 대신 의절을 선택한 나의 충심을 언제가 국민들이 이해해 줄 것으로 믿는다.

가까스로 마음을 다잡아가며 업무를 보고 있던 어느 날 형으로부터 비서실로 전화가 걸려왔다. 수화기 저편에서 형의 다급한 목소리가 들려왔다.

"나 지금 정신병원에 갇혀 있다." 자초지종을 파악해보니, 조울증에 걸린 셋째 형이 구타를 하고 집안 식구들을 못살게 굴기 때문에 형수와 딸이 셋째 형을 정신병원에 강제 입원 시킨 것이었다. 이후 시장실로도 계속 구조 해달라고 전화가 왔다. 형제들과 함께 병원으로 두 번이나 찾아갔지만, 직계가족이 아니라는 이유로 병원 측에 의해 면회조차 거부되어 발길을 돌렸다.

눈엣가시 같던 존재

얼마간 시간이 흐른 뒤 셋째 형은 정신병원에서 풀려나 집으로 돌아오기는 했지만 그렇다고 문제가 해결된 것은 아니었다. 이 사건마저 '성남시장 이재명이 친형을 정신병원에 강제 입원시켰다'는 내용으로 알려지기 시작한 것이다. 기가 막힐 노릇이었다. 사실 관계를 증명하는 모든 자료들을 제출했음에도 악의적인 허위 사실 유포는 중단되지 않았다. 내가 기득권 세력에 이토록 눈엣가시 같은 존재였던가. 형수 욕설 사건의 피해가 가시기도 전에 이번에는 '친형 정신병원 강제입원'을 기정사실화 하면서 까지 물고 늘어지는 그들의 집요함에 참담함을 금할 수 없었다.

이 일련의 사건들을 겪으며 나는 아주 소중한 깨달음을 얻었다. 해방 이후 오늘날까지 고질병처럼 이어져온 정치공작이야말로 시급하게 사라져야 할 구태정치라는 사실, 그리고 그 썩은 잔재들을 말끔히 쓸어내는 것이야말로 국가의 정의를 바로 세우는, 내게 주어진 임무라는 사실을 나는 절감했다.

뉴턴의 운동 법칙 중 제3의 법칙인 '작용과 반작용'은 인생에도 고스란히 적용된다. 나는 어린 시절 가난 속에서 공장 생활을 해가며 고난을 견디는 법을 스스로 체득했다. 그 방법은 바로 현실을 긍정적으로 체화시킨 뒤 고난을 발판으로 삼아 딛고 일어서는 것이었다. 다시 말해 인생의 시련이 내게 작용해오면, 그 힘을 고스란히 반작용의 동력으로 사용하는 것이다.

평범한 경아 씨는
어째나 재벌 씨에게
관심이 생겼을까

정의와 민주주의를 위하여

움직이지 않는 물체는 마찰도 있을 수 없다. 마찰이 생긴다는 것은 그 물체가 움직이고 있다는 증거이기도 하다. 사람도 큰 뜻을 품고 현실에서 실천해나가기 시작하면 당연히 맞받아쳐오는 힘을 만나기 마련이다. 그렇다면 지금 나를 공격하는 적들이야말로 오히려 나에게 가장 좋은 자극제일 수 있지 않을까? 그들의 공격이 거세면 거셀수록 나 역시 그만큼 강하고 두려운 상대라는 사실이 증명되는 셈이다.

어쩌면 인생이란 이렇게 작용과 반작용이 서로 힘을 겨루며 변화를 일으키는 과정일지도 모른다. 이 반복적, 순환적인 인생사의 우여곡절을 성장의 밑거름으로 삼을 수만 있다면 미래는 분명 달라질 것이다. 내가 꿈꾸는 미래, 그 밝은 광장에는 정의와 민주주의가 펄펄 살아 춤을 추고 있으리라 믿는다.

때가 되었다. 너와 내가 손가락혁명군, 입담꾼이 되어 세상을 바꿀 때가 되었다. 좀 더 스마트한 선대본이 위력을 보이기를 기대하며 스스로 나서자. 한겨레가 경향이, 나아가 KBS나 MBC가 나설리 없다. 공정한 중립을 고대할 뿐이다.

21세기 SNS 혁명의 이기를 활용하자. 시간이 날 때마다 읽고 들으며 좋아요를 누르고 댓글을 달자. 시간이 된다면 글을 쓰고 사진 동영상을 만들어 정보 고속도로인 유튜브에, 페이스북에, 카카오톡에, 인스타그램에, 블로그에 올리자. 서문시장 할머니의 이재명 칭찬 한마디가, 부산역 앞 할아버지의 한마디 이재

평범한 경아 씨는
어째서 재명을 사랑하게 되었을까

명 격려가 한겨레의 칼럼만큼이나 위력적이다.

할머니의 격려가 칼럼보다 위력적이다

우리 모두 손가락혁명군이 되려면 무기가 필요하다. 칼과 창이 필요하다. 손가락혁명군에게 무기는 '이재명 공부'이고 '정세 공부'다. 2016년 광화문을 달구었던 촛불 지성 100만명이 혁명군이 되면 세상이 바뀐다. 그렇다면 창과 활이 될 이재명공부와 정세 공부를 어떻게 할까?

우선 이재명의 이력과 공생활 스토리는 위즈덤하우스에서 낸 자전적에세이 〈이재명은 합니다〉가 있고, 〈인간 이재명〉이 있으며, 김어준과 이재명의 대담 '월말김어준(유튜브)'이 있다. 또 이재명의 웹자서전(유튜브)도 참고할 만하다.

이재명이 매일매일 쏟아내는 정책 견해는 페이스북 '민주평화광장'이나 '이재명과 함께하는 국가정의실천연합'에 지속적으로 올라온다. 구조적인 정세분석 정치권 동향은 우상호와 정봉주의 유튜브 채널을 참조할 수 있다. 여기에 세세한 여론조사동향은 새날TV와 김어준의 뉴스공장, 그리고 MBC 라디오 천기

누설을 보면 도움이 된다.

공약집도 무기가 된다

이재명 차기 정부의 경제정책에 대한 배경 설명으로는 최배근TV를 보면 도움이 된다. 특히 홍남기와 경제관료들의 행동 배경과 구조 등을 파악할 수 있다. 차기정부가 시행할 다양한 정책에 대해서는 공약집으로 나올 예정이다.

촛불 지성 모두 각자의 관심분야별로 꼼꼼히 읽고 주위에 전하는 것도 도움이 될 것이다. 윤석열의 까도까도 계속되는 의혹은 열린공감TV나 뉴스타파 같은 탐사보도 전문 채널이 도움이 된다.

여기에 상대방의 움직임도 중요할 것이다. 조중동이나 케이블티비에 나오는 대표논객들의 발언을 유심히 들어보자..

작은 차이를 극복하고 이뤄지는 대동단결은 일치단결로 나아가고, 일심단결로 발전해 일사분란한 행동을 만든다. 촛불 지성이 뿜어내는 감성과 높은 비전과 논리, 미래에 대한 열망과 단결은 양쪽을 저울질하는 중도층에게 깊은 인상을 던진다. 미래를

평범한 경아 씨는 어쩌다 재명 씨에게 관심이 생겼을까

끌고 갈 적임자는 이재명이라고! 이것이 3월의 결론일 것이다.

57. 내가 이 책을 완성하기까지

지난 해 4월부터 시작된 이재명이야기는 아마 3월이 되어야 끝날 듯싶다. 긴 시간 동안 글쓰기 대상에 집중하고 객관성을 유지하며 균형감각을 가지는 일은 꽤나 피곤하다. 글쓰기의 기초자료는 이 후보의 실적에 대한 뉴스를 기반으로 그의 발언 대담 등을 참고했다. 이재명의 자전적 에세이 〈이재명은 합니다〉와 같은 이 후보 관련 서적과 많은 작가들의 논평도 참고했다.

시시각각으로 올라오는 페이스북의 글이나 각종 유튜브 방송도 많은 영감을 주었다. 일방적으로 이재명을 지지하는 것을 벗어나고자 상대 진영의 동향과 상대 후보의 발언도 들여다보았다. 상대 진영의 내부 경선 당시 홍준표 후보와 유승민 후보의 발언은 그래도 많이 신선했다. 하지만 경선 이후 지속되는 윤석열 후보의 비전을 듣는 것은 지루하고 힘든 일이었다.

시간이 흘러 글은 쌓였고 작은 책을 내게 되었

평범한 경우에는 어째다 재명 씨에게 관심이 생겼을까

다. 글을 쓰고 책을 내기까지 동네 사람들과 함께하는 주말 관악산 산행 모임과 담소는 시기적절한 자극이었다. 바위 위에 걸터앉아 논하는 시국평은 글쓰기의 어려움을 덜어주었다. 이 분들이 보내주는 짧은 코멘트는 늘 유익했다. 관악산행 모임 '살다보면' 회원들께 감사드린다.

　　또한 가족과 함께하는 시간은 늘 글쓰기의 원동력이었다. 주말 저녁에 아들과 딸이 모두 모여 나누는 식사는 이야기 만찬이다. 아들이 쏟아내는 산업과 주식 동향을 들으며 한국 경제 최전선의 모습을 그려보기도 했다. 가족과 함께하는 저녁은 늘 행복하다. 제4기 민주정부, 제2기 촛불정부에서는 모든 가정이 '저녁이 있는 삶', '가족과 함께 저녁 식사를 하는 삶'이 되기를 기대한다.

이재명은 있다

초판 1쇄 인쇄 2022년 1월 15일
초판 1쇄 발행 2022년 1월 20일

지은이. 남경우
펴낸이. 김태영

씽크스마트 미디어 그룹
서울특별시 마포구 토정로 222(신수동) 한국출판콘텐츠센터 401호   전화. 02-323-5609
웹사이트. thinksmart.media
인스타그램. @thinksmart.media
이메일. contact@thinksmart.media

• **씽크스마트** - 더 큰 생각으로 통하는 길
'더 큰 생각으로 통하는 길' 위에서 삶의 지혜를 모아 '인문교양, 자기계발, 자녀교육, 어린이 교양·학습, 정치사회, 취미생활' 등 다양한 분야의 도서를 출간합니다. 바람직한 교육관을 세우고 나다움의 힘을 기르며, 세상에서 소외된 부분을 바라봅니다. 첫 원고부터 책의 완성까지 늘 시대를 읽는 기획으로 책을 만들며, 넓고 깊은 생각으로 세상을 살아갈 수 있는 힘을 드리고자 합니다.

• **도서출판 사이다** - 사람과 사람을 이어주는 다리
사이다는 '사람과 사람을 이어주는 다리'의 줄임말로, 서로가 서로의 삶을 채워주고, 세워주는 세상을 만드는 데 기여하고자 하는 씽크스마트의 임프린트입니다.

• **진담** - 진심을 담다
진담은 씽크스마트 미디어 그룹의 인터뷰형 홍보 영상 채널로 '진심을 담다'의 줄임말입니다. 책과 함께 본인의 일, 철학, 직업, 가치관, 가게 등 알리고 싶은 내용을 영상으로 만들어 사람들에게 제공하는 미디어입니다.

ISBN   978-89-6529-308-8   (03340)